STARK

LEKTÜRE RELIGION

Das Evangelium nach Markus

Einheitsübersetzung

STARK

Bildnachweis
Umschlagbild, S.1: Markuslöwe in Venedig, © peter zelei/Istockphoto
S. 4: Titusbogen in Rom, www.wikipedia.de
S. 7: Vincent van Gogh, „Der Sämann", www.visipix.com

Die Einführung wurde erstellt von Dr. Ute Reutin-Hoffmann

Lizenzausgabe der Einheitsübersetzung der Heiligen Schrift

ISBN 978-3-86668-125-5

www.stark-verlag.de

Inhalt

Vorwort

Liebe Schülerinnen und Schüler,

in dieser Textausgabe liegt das kürzeste, aber auch älteste der vier Evangelien als praktisches Lektüreheft vor. Nicht nur aufgrund seiner Überschaubarkeit eignet sich das **Markusevangelium** dazu, ein biblisches Buch einmal in seiner Gesamtheit als abgeschlossene Ganzschrift zu betrachten. Erst in der zusammenhängenden Lektüre zeigen sich die durchdachte Komposition und der theologische Schwerpunkt der biblischen Schrift.

Die vorangestellte **Einführung** beantwortet die wichtigsten Fragen zu den Evangelien im Allgemeinen und zum Markusevangelium im Besonderen. Sowohl die aktuellen Annahmen zu **Entstehungsort**, **-zeit** und **-umständen** als auch zum **Verfasser** werden thematisiert und leicht verständlich erklärt.

Es folgt das gesamte Markusevangeliums in der **Einheitsübersetzung**. Eine breite **Randspalte** bietet genügend Platz für die Arbeit mit dem Text oder für eigene Notizen. Hilfreiche Erklärungen und zusätzliche Informationen finden sich im **Anmerkungsapparat** am unteren Rand der Seiten.

Im **Anhang** bieten zusätzliche Materialien wie Karten und Übersichten weitere interessante Hintergrundinformationen zu dem biblischen Text.

Viel Spaß bei der Lektüre!

Ihr Stark Verlag

Einführung

Das Markus-Evangelium

„Anfang des Evangeliums von Jesus Christus, dem Sohn Gottes:“ (1,1)

Der Löwe ist das Symbol für das zweite Evangelium im Neuen Testament und seinen Verfasser. Dieses Symbol erinnert an die Wüste, mit der das Markus-Evangelium beginnt (vgl. 1,1–13). Über Jahrhunderte hinweg war das Markus-Evangelium aufgrund seiner Kürze und der Tatsache, dass man den Evangelisten Matthäus für einen Apostel Jesu hielt, das am wenigsten beachtete.[1] Inzwischen allerdings weiß man um seine einzigartige Bedeutung als ältestes Evangelium. Damit ist Markus der „Erfinder“ der Textgattung „Evangelium“, die fortan zur wichtigsten literarischen Textsorte der Christenheit werden sollte. Er hat also als Erster die zunächst nur mündlich überlieferten Worte Jesu, die Wundergeschichten und Jesu Leiden (Passion) in einer Art „Lebensgeschichte Jesu“ zusammengesetzt. Diese Lebensgeschichte nannte er dann „Evangelium“ (= Frohe Botschaft).

1 Aus diesem Grund wurde dem Matthäus-Evangelium gegenüber dem Markus-Evangelium von der Reihenfolge her der Vorrang gegeben.

An dieser Vorlage haben sich später die Evangelisten Matthäus, Lukas und vermutlich auch Johannes orientiert.

Von Markus selbst weiß man nicht viel mehr, als dass er vermutlich ein gebildeter, bewusst einfach schreibender und hoch angesehener hellenistischer Judenchrist (griechisch sprechender Christ jüdischer Herkunft) war. Dieser Markus hat aufgeschrieben, was er von Jesus wusste. Aber woher hatte er seine Informationen? Der Bibelwissenschaftler (Exeget) Eduard Schweizer hat Markus einmal mit einem Kind verglichen, das mit Perlen spielt: *„Der Evangelist ist … ein Sammler von Traditionen, die im Großen und Ganzen als Einzelgeschichten oder Einzelworte auf ihn gekommen sind, die er erst ‚rahmt' und damit dem Ganzen einfügt. Man könnte ihn also mit einem Kind vergleichen, das die vor ihm liegenden Glasperlen auf eine Schnur aufreiht."*[2] Diese „Perlen", also die Einzelgeschichten und Geschichtssammlungen, einschließlich der Passionsgeschichte, kannte der Evangelist aus seiner eigenen Gemeinde. Dieses „Rohmaterial" hat er dann so zusammengesetzt, dass es seiner speziellen Absicht entsprach. Er hätte diese „Perlen" theoretisch aber auch völlig anders auf die Schnur aufziehen können. Das bedeutet, dass uns zwar die Einzelgeschichten etwas über Jesu ursprüngliche Lehre sagen, der Rahmen, d. h. der Zusammenhang der Erzählung, aber nicht. Dieser erzählt uns vielmehr etwas über den Evangelisten und seine Gemeinde selbst. Damit wird klar: Auch wenn die Evangelien so tun als ob, historische Jesus-Biografien im heutigen Sinne wollen sie nicht sein!

2 Schweizer, E.: Jesus Christus im vielfältigen Zeugnis des Neuen Testaments (Siebenstern TB 126), Hamburg, München 1968, S. 4

Dazu fehlen auch zu viele Informationen, wie z. B. über Jesu Kindheit, Erziehung, Jugend, Berufsausbildung, Jesu Aussehen oder Kleidung. Auch zeitliche Angaben über das Leben Jesu finden sich nur wenige in den Evangelien. Wenn aber die Evangelien zwar einerseits von einer historischen Person erzählen, aber andererseits keine Jesus-Biografie sein wollen, die von der Vergangenheit Jesu erzählt, was versteht man dann darunter und welche Absicht verfolgen sie?

„Evangelien" sind zunächst einmal Erzählungen. Sie verpacken die „gute Nachricht" bzw. „frohe Botschaft" (griech.: „Euanggelion") in bunte Bilder vom Leben und Sterben Jesu und den Menschen in seiner Nähe. Natürlich halten die Evangelisten dabei auch viele historische Begebenheiten fest, die für die Geschichtsschreibung wichtig sind. Vorrangiges Ziel aber ist es, **Zeugnis für den Glauben an Jesus Christus** zu geben. Dieses Glaubenszeugnis entspringt aber jeweils der konkreten Gemeinde (Kirche), zu der der entsprechende Evangelist gehört. Er dokumentiert diesen gelebten Glauben stellvertretend für die Mitglieder seiner Kirche. In diesem Sinne könnte man fast schon von einem „Autorenkollektiv" sprechen. Demnach geht es inhaltlich vielmehr um den lebendigen Glauben einer konkreten Gemeinde als um die historische Person des Jesus von Nazareth, der schon über zwei Generationen tot ist. Denn im Unterschied zu großen Teilen des Judentums, die noch immer auf einen von außen kommenden göttlichen Retter (Messias) warteten, hatte die jüdische Sekte der Christen erkannt, dass der Messias dort ist, wo er gelebt wird. Somit sind Evangelien gleichsam eine Lebensregel, ein Appell für die, die an ihn glauben (Jünger), das, was Jesus zugeschrieben wird, selbst im eigenen Leben zu verwirklichen. In diesem Sinne haben uns die Evangelien auch heute noch etwas zu sagen.

Allerdings müssen wir dazu „Übersetzungsarbeit“ leisten. Denn als Dokumentationen des Glaubens einer konkreten Gemeinde greifen sie die Fragen, Probleme und Ängste der Menschen zur jeweiligen Abfassungszeit auf. Heute sind das andere. Um die Evangelien in unsere Zeit zu „übersetzen“ müssen wir demnach die Entstehungszeit sowie die Situation der jeweiligen Gemeinde kennen und bei der Auslegung berücksichtigen.

Entstehungszeit des Markus-Evangeliums

„Als Jesus den Tempel verließ, sagte einer von seinen Jüngern zu ihm: Meister, sieh, was für Steine und was für Bauten! Jesus sagte zu ihm: Siehst du diese großen Bauten? Kein Stein wird auf dem andern bleiben, alles wird niedergerissen.“ (13,1 f.)

Weil Jesus hier von der Zerstörung des Tempels spricht, geht die Bibelwissenschaft (Exegese) davon aus, dass das Markus-Evangelium direkt unter dem Eindruck des Jüdischen Krieges verfasst wurde. Der Jüdische Krieg (auch: Jüdischer Aufstand) war ein Aufstand gegen die römischen Besatzer, den jüdische Zeloten zwischen 66 und 70 n. Chr. bis zum bitteren Ende durchgeführt haben. Unter den Zeloten (Eiferer) versteht man eine radikale jüdische Gruppierung, die versuchte, das Gottesreich mit dem Schwert herbeizuführen und Judäa gewaltsam von den Römern zu befreien. Weil sie dabei oft im Untergrund operierten und z. B. mit dem im Gewand verborgenen sica (krummer Dolch) in Menschenmengen gewalttätig wurden

Titusbogen in Rom: Er dokumentiert in Bildern, dass der Jerusalemer Tempel zerstört worden ist und seine Schätze (hier: Bundeslade und siebenarmiger Leuchter) nach Rom gebracht werden.

und untertauchten, nannten die Römer sie auch Sikarier (Dolchmänner). Anlass ihres Aufstandes war das Verhalten des römischen Statthalters Gessius Florus, der Teile des Tempelschatzes für sich gefordert und damit das Heiligtum des Judentums angegriffen hatte. Der Jüdische Krieg endete mit der blutigen Niederschlagung der Revolte und dem Fall Jerusalems unter Vespasian und Titus im Jahre 70 n. Chr. Der Tempelschatz wurde geplündert und der Tempel selbst niedergebrannt. Die heutige Klagemauer ist ein Überbleibsel der Westseite dieses Tempels. Viele Juden wurden gefangen genommen und nach Rom oder in andere römische Provinzen deportiert. Ob das Markus-Evangelium nun kurz vor, während oder kurz nach diesen Ereignissen geschrieben wurde, bleibt unsicher, sodass man mit 70 n. Chr. lediglich den ungefähren Zeitpunkt der Entstehung angeben kann.

Doch, wie der Exeget Thomas Söding betont[3], das Markus-Evangelium entsteht nicht zufällig in dieser Zeit:

Als Ort des Todes und der Auferstehung Jesu, als Heimat der christlichen Urgemeinde und wichtiger Bezugspunkt der christlichen Mission war Jerusalem auch für die Christen religiöses Zentrum ihres Glaubens gewesen. Mit der Zerstörung dieses Ortes fehlt nun nicht nur den Juden, sondern auch den Christen ein gemeinsamer Orientierungspunkt, der ihre Gemeinschaft stärkte und sie untereinander verband.

Bis zu diesem Zeitpunkt hatten Jesu direkte Jünger sein Leben und seine Botschaft weitergegeben. Mit der Hinrichtung des Jakobus Zebedäus (42 n. Chr.), des Herrenbruders Jakobus (62 n. Chr.), aber vor allem mit dem gewaltsamen Tod von Paulus und Petrus in der Mitte der 60er-Jahre, sterben die letzten Augenzeugen allmählich. Die Erinnerung an Jesus Christus muss nun auf andere Art und Weise gesichert werden, wenn sie auf Dauer bestehen soll.

Die Gemeinde des Markus

„Der Sämann sät das Wort. Auf den Weg fällt das Wort bei denen, die es zwar hören, aber sofort kommt der Satan und nimmt das Wort weg, das in sie gesät wurde. Ähnlich ist es bei den Menschen, bei denen das Wort auf felsigen Boden fällt: Sobald sie es hören, nehmen sie es freudig auf; aber sie haben keine Wurzeln, sondern sind unbeständig, und wenn sie dann um des Wortes willen bedrängt oder verfolgt werden, kommen sie sofort zu Fall." (4,13–17)

3 Söding, Th.: Das Markus-Evangelium. Anregungen zum Lesejahr B. Würzburg: Echter Verlag, 2002, S. 17.

Die Gemeinde des Markus war eine Hausgemeinde. Darunter versteht man eine Gruppe von Gläubigen, die sich regelmäßig in einem Privathaus trifft. Das war zu Beginn des Christentums die einzige Möglichkeit, gemeinsam zu beten und Abendmahl zu halten. Diese Gemeinschaft von Gläubigen bestand so wie auch die anderen urchristlichen Gemeinden des 1. Jh. n. Chr. aus Frauen und Männern, Juden und Griechen, Reichen und Armen. Obwohl auch die Markus-Gemeinde eine von Männern dominierte (patriarchalische) Gemeinschaft war, spielen im Markus-Evangelium Frauen eine besondere Rolle: sie sind Vorbilder im Glauben (vgl. 5,25–34; 7,24–30; 14,9), bleiben auch in der Not an Jesu Seite (vgl. 14,50; 14,66–72; 15,40 f.; 15,42–47) und sind diejenigen, die als Erste die Botschaft von der Auferweckung hören (vgl. 16,1–8). So wie heute war auch in der Markus-Gemeinde Wohlstand ungleich verteilt, sodass Markus sich genötigt sah, in seinem Evangelium den Reichen die Gefahren des Mammons (Vermögen, Besitz; vgl. 10,17–22) vor Augen zu führen und die Notwendigkeit der Sorge füreinander (Caritas) zu betonen (vgl. 10,29 f.).

Weil Markus an verschiedenen Stellen genaue Ortskenntnisse vermissen lässt (vgl. 5,1 ff.; 7,31) und seiner Gemeinde sowohl jüdische Bräuche (vgl. 2,19; 7,3 f.; 14,12; 15,42) als auch aramäische Begriffe erklärt (vgl. z. B. 5,41; 3,17; 7,35; 14,36), nimmt man heute an, dass die Gemeinde des Markus aus Syrien oder Phönizien stammte und ihre Mitglieder in der Mehrzahl Heidenchristen waren (Christen nichtjüdischer Herkunft). Folglich werden in der Gemeinde des Markus jüdische Gebote wie die Beschneidung, der Tempelkult oder das Sabbat- und Reinheitsgebot mit Berufung auf Jesus nicht mehr gehalten (vgl. 2,23–3,6; 7,1–23). Auf der einen Seite erleichterte das den Heidenchristen die Gemeinschaft mit den Judenchristen, auf der anderen Seite war das ein weiterer Schritt zur Trennung vom Judentum, der auf jüdischer Seite zu Argwohn und Anfeindungen gegenüber den Christen führte. Deshalb bemüht sich der Judenchrist Markus an vielen Stellen im Evangelium, seinen Glauben an Jesus Christus gegenüber dem Judentum zu rechtfertigen und von ihm abzugrenzen.

Auch das Verhältnis zu den Heiden (Nichtjuden) hatte sich durch den Jüdischen Krieg verschlechtert. Als Minderheit hatten die Christen damit sowohl von jüdischer als auch von heidnischer Seite unter Verleumdungen, Einschüchterungen und Benachteiligungen zu leiden (vgl. 4,17; 6,11; 8,35; 10,29 f.; 13,19). Manche Gläubige reagierten darauf mit Angst und wurden so verunsichert, dass sie ihren Glauben aufgaben und sich an die heidnische Umwelt anpassten. Andere Christen dagegen wurden radikal und sonderten sich völlig von der Umwelt ab. Der Evangelist warnt vor beidem: Die Christen sollen durchaus Steuern zahlen, aber dem Kaiser nur geben, was des Kaisers, und vor allem „Gott geben, was Gottes ist“ (vgl. 12,13–17).

Das Evangelium nach Markus, Kapitel 1

Die Vorbereitung des Wirkens Jesu

Johannes der Täufer

1 Anfang des Evangeliums von Jesus Christus, dem
Sohn Gottes: 2 Es begann, wie es bei dem Prophe-
ten Jesaja steht:

*Ich sende meinen Boten vor dir her;/er soll den
Weg für dich bahnen.*

3 *Eine Stimme ruft in der Wüste:/Bereitet dem
Herrn den Weg!/Ebnet ihm die Straßen!*

4 So trat Johannes der Täufer in der Wüste auf
und verkündigte Umkehr und Taufe zur Vergebung
der Sünden. 5 Ganz Judäa und alle Einwohner
Jerusalems zogen zu ihm hinaus; sie bekannten
ihre Sünden und ließen sich im Jordan von ihm
taufen. 6 Johannes trug ein Gewand aus Kamel-
haaren und einen ledernen Gürtel um seine Hüf-
ten und er lebte von Heuschrecken und wildem
Honig. 7 Er verkündete: Nach mir kommt einer,
der ist stärker als ich; ich bin es nicht wert, mich
zu bücken, um ihm die Schuhe aufzuschnüren.
8 Ich habe euch nur mit Wasser getauft, er aber
wird euch mit dem Heiligen Geist taufen.

Die Taufe Jesu

9 In jenen Tagen kam Jesus aus Nazaret in Galiläa
und ließ sich von Johannes im Jordan taufen.
10 Und als er aus dem Wasser stieg, sah er, dass der
Himmel sich öffnete und der Geist wie eine Taube

auf ihn herabkam. 11 Und eine Stimme aus dem
Himmel sprach: *Du bist mein geliebter Sohn, an
dir habe ich Gefallen gefunden.*

Die Versuchung Jesu

12 Danach trieb der Geist Jesus in die Wüste.
13 Dort blieb Jesus vierzig Tage lang und wurde
vom Satan in Versuchung geführt. Er lebte bei den
wilden Tieren und die Engel dienten ihm.

Das Wirken Jesu in Galiläa

Erstes Auftreten in Galiläa

14 Nachdem man Johannes ins Gefängnis gewor-
fen hatte, ging Jesus wieder nach Galiläa; er ver-
kündete das Evangelium Gottes 15 und sprach: Die
Zeit ist erfüllt, das Reich Gottes ist nahe. Kehrt
um, und glaubt an das Evangelium!

Die Berufung der ersten Jünger

16 Als Jesus am See von Galiläa entlangging, sah er
Simon und Andreas, den Bruder des Simon, die
auf dem See ihr Netz auswarfen; sie waren näm-
lich Fischer. 17 Da sagte er zu ihnen: Kommt her,
folgt mir nach! Ich werde euch zu Menschen-
fischern machen. 18 Sogleich ließen sie ihre Netze
liegen und folgten ihm. 19 Als er ein Stück weiter-
ging, sah er Jakobus, den Sohn des Zebedäus, und
seinen Bruder Johannes; sie waren im Boot und

1,15 In diesem programmatischen Satz fasst Markus den Inhalt der Botschaft Jesu zusammen.

richteten ihre Netze her. 20 Sofort rief er sie und
sie ließen ihren Vater Zebedäus mit seinen Tage-
löhnern im Boot zurück und folgten Jesus nach.

Jesus in der Synagoge von Kafarnaum

21 Sie kamen nach Kafarnaum. Am folgenden Sab-
bat ging er in die Synagoge und lehrte. 22 Und die
Menschen waren sehr betroffen von seiner Lehre;
denn er lehrte sie wie einer, der (göttliche) Voll-
macht hat, nicht wie die Schriftgelehrten.

23 In ihrer Synagoge saß ein Mann, der von ei-
nem unreinen Geist besessen war. Der begann zu
schreien: 24 Was haben wir mit dir zu tun, Jesus
von Nazaret? Bist du gekommen, um uns ins Ver-
derben zu stürzen? Ich weiß, wer du bist: der
Heilige Gottes. 25 Da befahl ihm Jesus: Schweig
und verlass ihn! 26 Der unreine Geist zerrte den
Mann hin und her und verließ ihn mit lautem Ge-
schrei. 27 Da erschraken alle und einer fragte den
andern: Was hat das zu bedeuten? Hier wird mit
Vollmacht eine ganz neue Lehre verkündet. Sogar
die unreinen Geister gehorchen seinem Befehl.
28 Und sein Ruf verbreitete sich rasch im ganzen
Gebiet von Galiläa.

Die Heilung der Schwiegermutter des Petrus

29 Sie verließen die Synagoge und gingen zusam-
men mit Jakobus und Johannes gleich in das Haus
des Simon und Andreas. 30 Die Schwiegermutter
des Simon lag mit Fieber im Bett. Sie sprachen mit
Jesus über sie, 31 und er ging zu ihr, fasste sie an

der Hand und richtete sie auf. Da wich das Fieber
von ihr und sie sorgte für sie.

Die Heilung von Besessenen und Kranken

32 Am Abend, als die Sonne untergegangen war,
brachte man alle Kranken und Besessenen zu
Jesus. 33 Die ganze Stadt war vor der Haustür ver-
sammelt, 34 und er heilte viele, die an allen mög-
lichen Krankheiten litten, und trieb viele Dämo-
nen aus. Und er verbot den Dämonen zu reden;
denn sie wussten, wer er war.

Aufbruch aus Kafarnaum

35 In aller Frühe, als es noch dunkel war, stand er
auf und ging an einen einsamen Ort, um zu beten.
36 Simon und seine Begleiter eilten ihm nach,
37 und als sie ihn fanden, sagten sie zu ihm: Alle
suchen dich. 38 Er antwortete: Lasst uns anders-
wohin gehen, in die benachbarten Dörfer, damit
ich auch dort predige; denn dazu bin ich gekom-
men. 39 Und er zog durch ganz Galiläa, predigte in
den Synagogen und trieb die Dämonen aus.

Die Heilung eines Aussätzigen

40 Ein Aussätziger kam zu Jesus und bat ihn um
Hilfe; er fiel vor ihm auf die Knie und sagte:

1,32 Die Sabbatruhe dauerte vom Sonnenuntergang des Vortags bis zum Sonnenuntergang am Sabbat.

1,40–44 Aussatz und verschiedene Hautkrankheiten schlossen vom Zusammenleben mit anderen Menschen aus. Erst wenn die dafür zuständigen Priester die Heilung festgestellt hatten, war die Rückkehr in die alte Lebensgemeinschaft wieder erlaubt.

Wenn du willst, kannst du machen, dass ich rein
werde. 41 Jesus hatte Mitleid mit ihm; er streckte
die Hand aus, berührte ihn und sagte: Ich will es –
werde rein! 42 Im gleichen Augenblick verschwand
der Aussatz und der Mann war rein. 43 Jesus schick-
te ihn weg und schärfte ihm ein: 44 Nimm dich in
Acht! Erzähl niemand etwas davon, sondern geh,
zeig dich dem Priester und bring das Reinigungs-
opfer dar, das Mose angeordnet hat. Das soll für
sie ein Beweis (meiner Gesetzestreue) sein. 45 Der
Mann aber ging weg und erzählte bei jeder Gele-
genheit, was geschehen war; er verbreitete die
ganze Geschichte, sodass sich Jesus in keiner Stadt
mehr zeigen konnte; er hielt sich nur noch außer-
halb der Städte an einsamen Orten auf. Dennoch
kamen die Leute von überallher zu ihm.

Das Evangelium nach Markus, Kapitel 2

Die Heilung eines Gelähmten

1 Als er einige Tage später nach Kafarnaum zurück-
kam, wurde bekannt, dass er (wieder) zu Hause
war. 2 Und es versammelten sich so viele Men-
schen, dass nicht einmal mehr vor der Tür Platz
war; und er verkündete ihnen das Wort. 3 Da
brachte man einen Gelähmten zu ihm; er wurde
von vier Männern getragen. 4 Weil sie ihn aber
wegen der vielen Leute nicht bis zu Jesus bringen
konnten, deckten sie dort, wo Jesus war, das Dach
ab, schlugen (die Decke) durch und ließen den
Gelähmten auf seiner Tragbahre durch die Öff-
nung hinab. 5 Als Jesus ihren Glauben sah, sagte er
zu dem Gelähmten: Mein Sohn, deine Sünden
sind dir vergeben! 6 Einige Schriftgelehrte aber,
die dort saßen, dachten im Stillen: 7 Wie kann
dieser Mensch so reden? Er lästert Gott. Wer kann
Sünden vergeben außer dem einen Gott? 8 Jesus
erkannte sofort, was sie dachten, und sagte zu
ihnen: Was für Gedanken habt ihr im Herzen?
9 Ist es leichter, zu dem Gelähmten zu sagen:
Deine Sünden sind dir vergeben!, oder zu sagen:
Steh auf, nimm deine Tragbahre und geh umher?
10 Ihr sollt aber erkennen, dass der Menschensohn
die Vollmacht hat, hier auf der Erde Sünden zu

2,4 Das Dach einer Wohnhütte bestand aus Holzbalken oder Knüppeln, über die Schilf oder Äste gelegt waren. Das Ganze war mit festgetretenem Lehm zugedeckt.

vergeben. Und er sagte zu dem Gelähmten: 11 Ich
sage dir: Steh auf, nimm deine Tragbahre, und geh
nach Hause! 12 Der Mann stand sofort auf, nahm
seine Tragbahre und ging vor aller Augen weg. Da
gerieten alle außer sich; sie priesen Gott und sagten: So etwas haben wir noch nie gesehen.

Die Berufung des Levi und das Mahl mit den Zöllnern

13 Jesus ging wieder hinaus an den See. Da kamen
Scharen von Menschen zu ihm und er lehrte sie.
14 Als er weiterging, sah er Levi, den Sohn des
Alphäus, am Zoll sitzen und sagte zu ihm: Folge
mir nach! Da stand Levi auf und folgte ihm.
15 Und als Jesus in seinem Haus beim Essen war,
aßen viele Zöllner und Sünder zusammen mit ihm
und seinen Jüngern; denn es folgten ihm schon
viele. 16 Als die Schriftgelehrten, die zur Partei der
Pharisäer gehörten, sahen, dass er mit Zöllnern
und Sündern aß, sagten sie zu seinen Jüngern:
Wie kann er zusammen mit Zöllnern und Sündern essen? 17 Jesus hörte es und sagte zu ihnen:

2,16 Die Pharisäer bildeten eine religiöse Gemeinschaft, die es sich zur Aufgabe gemacht hatte, das jüdische religiöse Gesetz zu studieren und genau zu beachten. Zu ihnen gehörten Priester und Laien, vor allem viele Schriftgelehrte. – Die Schriftgelehrten bildeten einen eigenen Stand von Gesetzesgelehrten und religiösen Juristen, die das Recht besaßen, öffentlich zu lehren und Schüler um sich zu sammeln. Sie hatten neben den Priestern entscheidenden Einfluss auf das jüdische Leben.
Die Zölle wurden an die Meistbietenden verpachtet. Diese wirtschafteten meist auch in die eigene Tasche. Darum galten Zöllner als Diebe und Betrüger; die Begriffe „Zöllner“ und „Sünder“ waren austauschbar.

Nicht die Gesunden brauchen den Arzt, sondern
die Kranken. Ich bin gekommen, um die Sünder
zu rufen, nicht die Gerechten.

Die Frage nach dem Fasten

18 Da die Jünger des Johannes und die Pharisäer zu
fasten pflegten, kamen Leute zu Jesus und sagten:
Warum fasten deine Jünger nicht, während die
Jünger des Johannes und die Jünger der Pharisäer
fasten? 19 Jesus antwortete ihnen: Können denn
die Hochzeitsgäste fasten, solange der Bräutigam
bei ihnen ist? Solange der Bräutigam bei ihnen ist,
können sie nicht fasten. 20 Es werden aber Tage
kommen, da wird ihnen der Bräutigam genom-
men sein; an jenem Tag werden sie fasten.

21 Niemand näht ein Stück neuen Stoff auf ein
altes Kleid; denn der neue Stoff reißt doch vom
alten Kleid ab und es entsteht ein noch größerer
Riss. 22 Auch füllt niemand neuen Wein in alte
Schläuche. Sonst zerreißt der Wein die Schläuche;
der Wein ist verloren und die Schläuche sind un-
brauchbar. Neuer Wein gehört in neue Schläuche.

2,18 Die Juden waren lediglich verpflichtet, am Versöhnungstag zu fasten. In Notzeiten wurden eigene Fasttage ausgerufen. Insbesondere Pharisäer fasteten darüber hinaus, stellvertretend für die Sünden anderer, zweimal in der Woche, montags und donnerstags. Das Fasten bestand in völliger Enthaltung von Speise und Trank zwischen Sonnenaufgang und Sonnenuntergang. Jesus fastete mit seinen Jüngern nicht und kritisierte die jüdische Fastenpraxis.

Das Abreißen der Ähren am Sabbat

23 An einem Sabbat ging er durch die Kornfelder
und unterwegs rissen seine Jünger Ähren ab. 24 Da
sagten die Pharisäer zu ihm: Sieh dir an, was sie
tun! Das ist doch am Sabbat verboten. 25 Er ant-
wortete: Habt ihr nie gelesen, was David getan
hat, als er und seine Begleiter hungrig waren und
nichts zu essen hatten – 26 wie er zur Zeit des
Hohenpriesters Abjatar in das Haus Gottes ging
und die heiligen Brote aß, die außer den Priestern
niemand essen darf, und auch seinen Begleitern
davon gab? 27 Und Jesus fügte hinzu: Der Sabbat
ist für den Menschen da, nicht der Mensch für den
Sabbat. 28 Deshalb ist der Menschensohn Herr auch
über den Sabbat.

Das Evangelium nach Markus, Kapitel 3

Die Heilung eines Mannes am Sabbat

1 Als er ein andermal in eine Synagoge ging, saß
dort ein Mann, dessen Hand verdorrt war. 2 Und
sie gaben Acht, ob Jesus ihn am Sabbat heilen
werde; sie suchten nämlich einen Grund zur
Anklage gegen ihn. 3 Da sagte er zu dem Mann mit
der verdorrten Hand: Steh auf und stell dich in

2,27 f Jesus greift damit auf den Ursinn des Sabbats zurück: Er sollte für Menschen und Tiere eine Wohltat sein.

3,1–6 Die ärztliche Tätigkeit galt als Arbeit und durfte deshalb nach pharisäischer Auffassung am Sabbat nur dann ausgeübt werden, wenn Lebensgefahr bestand.

die Mitte! 4Und zu den anderen sagte er: Was ist
am Sabbat erlaubt: Gutes zu tun oder Böses, ein
Leben zu retten oder es zu vernichten? Sie aber
schwiegen. 5Und er sah sie der Reihe nach an, voll
Zorn und Trauer über ihr verstocktes Herz, und
sagte zu dem Mann: Streck deine Hand aus! Er
streckte sie aus und seine Hand war wieder ge-
sund. 6Da gingen die Pharisäer hinaus und fassten
zusammen mit den Anhängern des Herodes den
Beschluss, Jesus umzubringen.

Der Andrang des Volkes

7Jesus zog sich mit seinen Jüngern an den See zu-
rück. Viele Menschen aus Galiläa aber folgten ihm.
Auch aus Judäa, 8aus Jerusalem und Idumäa, aus
dem Gebiet jenseits des Jordan und aus der Gegend
von Tyrus und Sidon kamen Scharen von Men-
schen zu ihm, als sie von all dem hörten, was er
tat. 9Da sagte er zu seinen Jüngern, sie sollten ein
Boot für ihn bereithalten, damit er von der Menge
nicht erdrückt werde. 10Denn er heilte viele, sodass
alle, die ein Leiden hatten, sich an ihn herandräng-
ten, um ihn zu berühren. 11Wenn die von unreinen
Geistern Besessenen ihn sahen, fielen sie vor ihm
nieder und schrien: Du bist der Sohn Gottes! 12Er
aber verbot ihnen streng, bekannt zu machen, wer
er sei.

Die Wahl der Zwölf

13Jesus stieg auf einen Berg und rief die zu sich,
die er erwählt hatte, und sie kamen zu ihm. 14Und

er setzte zwölf ein, die er bei sich haben und die er
dann aussenden wollte, damit sie predigten 15 und
mit seiner Vollmacht Dämonen austrieben. 16 Die
Zwölf, die er einsetzte, waren: Petrus – diesen Bei-
namen gab er dem Simon –, 17 Jakobus, der Sohn
des Zebedäus, und Johannes, der Bruder des Jako-
bus – ihnen gab er den Beinamen Boanerges, das
heißt Donnersöhne –, 18 dazu Andreas, Philippus,
Bartholomäus, Matthäus, Thomas, Jakobus, der
Sohn des Alphäus, Thaddäus, Simon Kananäus
19 und Judas Iskariot, der ihn dann verraten hat.

Jesus und seine Angehörigen

20 Jesus ging in ein Haus und wieder kamen so
viele Menschen zusammen, dass er und die Jünger
nicht einmal mehr essen konnten. 21 Als seine
Angehörigen davon hörten, machten sie sich auf
den Weg, um ihn mit Gewalt zurückzuholen;
denn sie sagten: Er ist von Sinnen.

Verteidigungsrede Jesu

22 Die Schriftgelehrten, die von Jerusalem herab-
gekommen waren, sagten: Er ist von Beelzebul
besessen; mit Hilfe des Anführers der Dämonen
treibt er die Dämonen aus. 23 Da rief er sie zu sich
und belehrte sie in Form von Gleichnissen: Wie
kann der Satan den Satan austreiben? 24 Wenn ein

3,22–30 Beelzebul wird hier mit Satan, dem Anführer aller bösen Geister gleichgesetzt. – Unter Dämonen verstand man „böse" oder „unreine" Geister, die in Menschen oder Tieren hausten, schwere Krankheiten seelischer und körperlicher Art verursachten und so die Menschen versklavten.

Reich in sich gespalten ist, kann es keinen Bestand
haben. 25 Wenn eine Familie in sich gespalten ist,
kann sie keinen Bestand haben. 26 Und wenn sich
der Satan gegen sich selbst erhebt und mit sich
selbst im Streit liegt, kann er keinen Bestand
haben, sondern es ist um ihn geschehen. 27 Es kann
aber auch keiner in das Haus eines starken Mannes
einbrechen und ihm den Hausrat rauben, wenn er
den Mann nicht vorher fesselt; erst dann kann er
sein Haus plündern. 28 Amen, das sage ich euch:
Alle Vergehen und Lästerungen werden den Men-
schen vergeben werden, so viel sie auch lästern
mögen; 29 wer aber den Heiligen Geist lästert, der
findet in Ewigkeit keine Vergebung, sondern seine
Sünde wird ewig an ihm haften. 30 Sie hatten näm-
lich gesagt: Er ist von einem unreinen Geist
besessen.

Von den wahren Verwandten Jesu

31 Da kamen seine Mutter und seine Brüder; sie
blieben vor dem Haus stehen und ließen ihn
herausrufen. 32 Es saßen viele Leute um ihn herum
und man sagte zu ihm: Deine Mutter und deine
Brüder stehen draußen und fragen nach dir. 33 Er
erwiderte: Wer ist meine Mutter und wer sind
meine Brüder? 34 Und er blickte auf die Menschen,
die im Kreis um ihn herumsaßen, und sagte: Das
hier sind meine Mutter und meine Brüder. 35 Wer
den Willen Gottes erfüllt, der ist für mich Bruder
und Schwester und Mutter.

Das Evangelium nach Markus, Kapitel 4

Die Gleichnisse vom Reich Gottes

Das Gleichnis vom Sämann

1 Ein andermal lehrte er wieder am Ufer des Sees
und sehr viele Menschen versammelten sich um
ihn. Er stieg deshalb in ein Boot auf dem See und
setzte sich; die Leute aber standen am Ufer. 2 Und
er sprach lange zu ihnen und lehrte sie in Form
von Gleichnissen. Bei dieser Belehrung sagte er zu
ihnen: 3 Hört! Ein Sämann ging aufs Feld, um zu
säen. 4 Als er säte, fiel ein Teil der Körner auf den
Weg und die Vögel kamen und fraßen sie. 5 Ein
anderer Teil fiel auf felsigen Boden, wo es nur
wenig Erde gab, und ging sofort auf, weil das Erd-
reich nicht tief war; 6 als aber die Sonne hochstieg,
wurde die Saat versengt und verdorrte, weil sie
keine Wurzeln hatte. 7 Wieder ein anderer Teil fiel
in die Dornen und die Dornen wuchsen und
erstickten die Saat und sie brachte keine Frucht.
8 Ein anderer Teil schließlich fiel auf guten Boden
und brachte Frucht; die Saat ging auf und wuchs
empor und trug dreißigfach, ja sechzigfach und
hundertfach. 9 Und Jesus sprach: Wer Ohren hat
zum Hören, der höre!

Sinn und Zweck der Gleichnisse

10 Als er mit seinen Begleitern und den Zwölf allein
war, fragten sie ihn nach dem Sinn seiner Gleich-
nisse. 11 Da sagte er zu ihnen: Euch ist das Geheim-
nis des Reiches Gottes anvertraut; denen aber, die
draußen sind, wird alles in Gleichnissen gesagt;
12 denn

sehen sollen sie, sehen, aber nicht erkennen;/ hören sollen sie, hören, aber nicht verstehen,/damit sie sich nicht bekehren/und ihnen nicht vergeben wird.

Die Deutung des Gleichnisses vom Sämann

13 Und er sagte zu ihnen: Wenn ihr schon dieses
Gleichnis nicht versteht, wie wollt ihr dann all die
anderen Gleichnisse verstehen? 14 Der Sämann sät
das Wort. 15 Auf den Weg fällt das Wort bei
denen, die es zwar hören, aber sofort kommt der
Satan und nimmt das Wort weg, das in sie gesät
wurde. 16 Ähnlich ist es bei den Menschen, bei
denen das Wort auf felsigen Boden fällt: Sobald
sie es hören, nehmen sie es freudig auf; 17 aber sie
haben keine Wurzeln, sondern sind unbeständig,
und wenn sie dann um des Wortes willen be-
drängt oder verfolgt werden, kommen sie sofort
zu Fall. 18 Bei anderen fällt das Wort in die Dor-
nen: sie hören es zwar, 19 aber die Sorgen der Welt,
der trügerische Reichtum und die Gier nach all den
anderen Dingen machen sich breit und ersticken
es und es bringt keine Frucht. 20 Auf guten Boden

ist das Wort bei denen gesät, die es hören und auf-
nehmen und Frucht bringen, dreißigfach, ja sech-
zigfach und hundertfach.

Vom rechten Hören

21 Er sagte zu ihnen: Zündet man etwa ein Licht an
und stülpt ein Gefäß darüber oder stellt es unter
das Bett? Stellt man es nicht auf den Leuchter?
22 Es gibt nichts Verborgenes, das nicht offenbar
wird, und nichts Geheimes, das nicht an den Tag
kommt. 23 Wenn einer Ohren hat zum Hören, so
höre er!

24 Weiter sagte er: Achtet auf das, was ihr hört!
Nach dem Maß, mit dem ihr messt und zuteilt,
wird euch zugeteilt werden, ja, es wird euch noch
mehr gegeben. 25 Denn wer hat, dem wird gege-
ben; wer aber nicht hat, dem wird auch noch weg-
genommen, was er hat.

Das Gleichnis vom Wachsen der Saat

26 Er sagte: Mit dem Reich Gottes ist es so, wie
wenn ein Mann Samen auf seinen Acker sät;
27 dann schläft er und steht wieder auf, es wird
Nacht und wird Tag, der Samen keimt und wächst
und der Mann weiß nicht, wie. 28 Die Erde bringt
von selbst ihre Frucht, zuerst den Halm, dann die
Ähre, dann das volle Korn in der Ähre. 29 Sobald

4,21 Von dieser Stelle stammt das Sprichwort „sein Licht nicht unter den Scheffel stellen“. Ein Scheffel war ein schaufelartiges Gefäß, das früher als Getreidemaß verwendet wurde.

aber die Frucht reif ist, *legt er die Sichel an; denn*
die Zeit der Ernte ist da.

Das Gleichnis vom Senfkorn

30 Er sagte: Womit sollen wir das Reich Gottes
vergleichen, mit welchem Gleichnis sollen wir es
beschreiben? 31 Es gleicht einem Senfkorn. Dieses
ist das kleinste von allen Samenkörnern, die man
in die Erde sät. 32 Ist es aber gesät, dann geht es auf
und wird größer als alle anderen Gewächse und
treibt große *Zweige*, sodass *in seinem Schatten die*
Vögel des Himmels nisten können.

Schlussbemerkung zu den Gleichnissen

33 Durch viele solche Gleichnisse verkündete er
ihnen das Wort, so wie sie es aufnehmen konn-
ten. 34 Er redete nur in Gleichnissen zu ihnen; sei-
nen Jüngern aber erklärte er alles, wenn er mit
ihnen allein war.

Taten und Worte Jesu

Der Sturm auf dem See

35 Am Abend dieses Tages sagte er zu ihnen: Wir
wollen ans andere Ufer hinüberfahren. 36 Sie schick-
ten die Leute fort und fuhren mit ihm in dem
Boot, in dem er saß, weg; einige andere Boote be-
gleiteten ihn. 37 Plötzlich erhob sich ein heftiger
Wirbelsturm, und die Wellen schlugen in das
Boot, sodass es sich mit Wasser zu füllen begann.
38 Er aber lag hinten im Boot auf einem Kissen
und schlief. Sie weckten ihn und riefen: Meister,

kümmert es dich nicht, dass wir zugrunde gehen?
39 Da stand er auf, drohte dem Wind und sagte zu
dem See: Schweig, sei still! Und der Wind legte
sich und es trat völlige Stille ein. 40 Er sagte zu
ihnen: Warum habt ihr solche Angst? Habt ihr
noch keinen Glauben? 41 Da ergriff sie große
Furcht und sie sagten zueinander: Was ist das für
ein Mensch, dass ihm sogar der Wind und der See
gehorchen?

Das Evangelium nach Markus, Kapitel 5

Die Heilung des Besessenen von Gerasa

1 Sie kamen an das andere Ufer des Sees, in das Ge-
biet von Gerasa. 2 Als er aus dem Boot stieg, lief ihm
ein Mann entgegen, der von einem unreinen Geist
besessen war. Er kam von den Grabhöhlen, 3 in
denen er lebte. Man konnte ihn nicht bändigen,
nicht einmal mit Fesseln. 4 Schon oft hatte man
ihn an Händen und Füßen gefesselt, aber er hatte
die Ketten gesprengt und die Fesseln zerrissen;
niemand konnte ihn bezwingen. 5 Bei Tag und
Nacht schrie er unaufhörlich in den Grabhöhlen
und auf den Bergen und schlug sich mit Steinen.
6 Als er Jesus von weitem sah, lief er zu ihm hin,
warf sich vor ihm nieder 7 und schrie laut: Was
habe ich mit dir zu tun, Jesus, Sohn des höchsten
Gottes? Ich beschwöre dich bei Gott, quäle mich
nicht! 8 Jesus hatte nämlich zu ihm gesagt: Verlass
diesen Mann, du unreiner Geist! 9 Jesus fragte ihn:
Wie heißt du? Er antwortete: Mein Name ist

5,2 Die Menschen zur Zeit Jesu wurden häufig in Grabhöhlen bestattet. Das waren in Fels gehauene Kammergräber, die man mit einem Rollstein verschloss.

5,8 Hier wirkt Jesus als Exorzist, indem er Dämonen vertreibt. Der Begriff stammt aus dem Griechischen „exorkizein", was so viel bedeutet wie „Dämonen vertreiben". Ein Exorzismus ist ein Gebet, mit dem ein Mensch durch einen Exorzisten von einem Dämon befreit wird. Auch im Taufritus der katholischen Kirche gibt es einen sogenannten kleinen Exorzismus, da der Täufling bei der Taufe von der Erbsünde befreit wird. In der Praxis verzichten heute jedoch viele Priester darauf.

5,9 E ine Legion war die größte römische Heereseinheit (6 000 Mann)

Legion; denn wir sind viele. 10 Und er flehte Jesus
an, sie nicht aus dieser Gegend zu verbannen.
11 Nun weidete dort an einem Berghang gerade
eine große Schweineherde. 12 Da baten ihn die Dä-
monen: Lass uns doch in die Schweine hineinfah-
ren! 13 Jesus erlaubte es ihnen. Darauf verließen die
unreinen Geister den Menschen und fuhren in die
Schweine und die Herde stürzte sich den Abhang
hinab in den See. Es waren etwa zweitausend Tiere
und alle ertranken. 14 Die Hirten flohen und er-
zählten alles in der Stadt und in den Dörfern.
Darauf eilten die Leute herbei, um zu sehen, was
geschehen war. 15 Sie kamen zu Jesus und sahen
bei ihm den Mann, der von der Legion Dämonen
besessen gewesen war. Er saß ordentlich gekleidet
da und war wieder bei Verstand. Da fürchteten sie
sich. 16 Die, die alles gesehen hatten, berichteten
ihnen, was mit dem Besessenen und mit den
Schweinen geschehen war. 17 Darauf baten die Leu-
te Jesus, ihr Gebiet zu verlassen.
18 Als er ins Boot stieg, bat ihn der Mann, der
zuvor von den Dämonen besessen war, bei ihm
bleiben zu dürfen. 19 Aber Jesus erlaubte es ihm
nicht, sondern sagte: Geh nach Hause und be-
richte deiner Familie alles, was der Herr für dich
getan und wie er Erbarmen mit dir gehabt hat.

5,11–17 Die Erzählung spielt im halbheidnischen Ostjordanland, wo auch Schweine gezüchtet wurden. Schweine galten als unrein, darum war den Juden die Aufzucht von Schweinen und das Essen von Schweinefleisch verboten.

[20]Da ging der Mann weg und verkündete in der
ganzen Dekapolis, was Jesus für ihn getan hatte,
und alle staunten.

Die Auferweckung der Tochter des Jaïrus und die Heilung einer kranken Frau

[21]Jesus fuhr im Boot wieder ans andere Ufer hin-
über und eine große Menschenmenge versam-
melte sich um ihn. Während er noch am See war,
[22]kam ein Synagogenvorsteher namens Jaïrus zu
ihm. Als er Jesus sah, fiel er ihm zu Füßen [23]und
flehte ihn um Hilfe an; er sagte: Meine Tochter
liegt im Sterben. Komm und leg ihr die Hände auf,
damit sie wieder gesund wird und am Leben
bleibt. [24]Da ging Jesus mit ihm.

Viele Menschen folgten ihm und drängten sich
um ihn. [25]Darunter war eine Frau, die schon zwölf
Jahre an Blutungen litt. [26]Sie war von vielen Ärzten
behandelt worden und hatte dabei sehr zu leiden;
ihr ganzes Vermögen hatte sie ausgegeben, aber es
hatte ihr nichts genutzt, sondern ihr Zustand war
immer schlimmer geworden. [27]Sie hatte von Jesus
gehört. Nun drängte sie sich in der Menge von
hinten an ihn heran und berührte sein Gewand.
[28]Denn sie sagte sich: Wenn ich auch nur sein

5,20 Der Name Dekapolis besteht aus zwei griechischen Wörtern, nämlich deka „zehn“ und polis „Stadt“. Damit wird also ein Bezirk von 10 Städten in Palästina bezeichnet. Allerdings weiß man heute nicht mehr ganz genau, um welche 10 Städte es sich damals handelte. Üblicherweise geht man davon aus, dass u.a. Gadara, Philadelphia, Gerasa und Damaskus dazugehört haben.

Gewand berühre, werde ich geheilt. 29 Sofort hörte
die Blutung auf und sie spürte deutlich, dass sie
von ihrem Leiden geheilt war. 30 Im selben Augen-
blick fühlte Jesus, dass eine Kraft von ihm aus-
strömte, und er wandte sich in dem Gedränge um
und fragte: Wer hat mein Gewand berührt?
31 Seine Jünger sagten zu ihm: Du siehst doch, wie
sich die Leute um dich drängen, und da fragst du:
Wer hat mich berührt? 32 Er blickte umher, um zu
sehen, wer es getan hatte. 33 Da kam die Frau, zit-
ternd vor Furcht, weil sie wusste, was mit ihr ge-
schehen war; sie fiel vor ihm nieder und sagte ihm
die ganze Wahrheit. 34 Er aber sagte zu ihr: Meine
Tochter, dein Glaube hat dir geholfen. Geh in
Frieden! Du sollst von deinem Leiden geheilt sein.

35 Während Jesus noch redete, kamen Leute, die
zum Haus des Synagogenvorstehers gehörten, und
sagten (zu Jaïrus): Deine Tochter ist gestorben.
Warum bemühst du den Meister noch länger?
36 Jesus, der diese Worte gehört hatte, sagte zu dem
Synagogenvorsteher: Sei ohne Furcht; glaube nur!
37 Und er ließ keinen mitkommen außer Petrus,
Jakobus und Johannes, den Bruder des Jakobus.
38 Sie gingen zum Haus des Synagogenvorstehers.

5,35 Synagogen sind jüdische Versammlungshäuser, in denen seit der Zerstörung des ersten Tempels durch die Babylonier im 6. Jh. v. Chr. die jüdischen Gottesdienste stattfinden. Diese Gottesdienste wurden zur Zeit Jesu von sogenannten Synagogenvorstehern geleitet, die für dieses Amt von der Gemeinde gewählt wurden. Ein Synagogenvorsteher gehörte zu den angesehensten Männern der Stadt.

Als Jesus den Lärm bemerkte und hörte, wie die
Leute laut weinten und jammerten, 39 trat er ein
und sagte zu ihnen: Warum schreit und weint ihr?
Das Kind ist nicht gestorben, es schläft nur. 40 Da
lachten sie ihn aus. Er aber schickte alle hinaus und
nahm außer seinen Begleitern nur die Eltern mit
in den Raum, in dem das Kind lag. 41 Er fasste das
Kind an der Hand und sagte zu ihm: Talita kum!,
das heißt übersetzt: Mädchen, ich sage dir, steh
auf! 42 Sofort stand das Mädchen auf und ging
umher. Es war zwölf Jahre alt. Die Leute gerieten
außer sich vor Entsetzen. 43 Doch er schärfte ihnen
ein, niemand dürfe etwas davon erfahren; dann
sagte er, man solle dem Mädchen etwas zu essen
geben.

5,38 Diesen Lärm machten die sogenannten Klageweiber, die sofort nach dem Tod eines Menschen gerufen wurden, um mit ihrem Klagegesang und dem Klageschrei der eigenen Sprach- und Fassungslosigkeit ein Gesicht zu geben.

Das Evangelium nach Markus, Kapitel 6

Die Ablehnung Jesu in seiner Heimat

1 Von dort brach Jesus auf und kam in seine Hei-
matstadt; seine Jünger begleiteten ihn. 2 Am Sabbat
lehrte er in der Synagoge. Und die vielen Men-
schen, die ihm zuhörten, staunten und sagten:
Woher hat er das alles? Was ist das für eine Weis-
heit, die ihm gegeben ist! Und was sind das für
Wunder, die durch ihn geschehen! 3 Ist das nicht
der Zimmermann, der Sohn der Maria und der
Bruder von Jakobus, Joses, Judas und Simon?
Leben nicht seine Schwestern hier unter uns?
Und sie nahmen Anstoß an ihm und lehnten ihn
ab. 4 Da sagte Jesus zu ihnen: Nirgends hat ein
Prophet so wenig Ansehen wie in seiner Heimat,
bei seinen Verwandten und in seiner Familie.
5 Und er konnte dort kein Wunder tun; nur eini-
gen Kranken legte er die Hände auf und heilte sie.
6 Und er wunderte sich über ihren Unglauben.
Jesus zog durch die benachbarten Dörfer und
lehrte.

Die Aussendung der zwölf Jünger

7 Er rief die Zwölf zu sich und sandte sie aus, je-
weils zwei zusammen. Er gab ihnen die Vollmacht,
die unreinen Geister auszutreiben, 8 und er gebot
ihnen, außer einem Wanderstab nichts auf den
Weg mitzunehmen, kein Brot, keine Vorrats-
tasche, kein Geld im Gürtel, 9 kein zweites Hemd

und an den Füßen nur Sandalen. 10 Und er sagte
zu ihnen: Bleibt in dem Haus, in dem ihr ein-
kehrt, bis ihr den Ort wieder verlasst. 11 Wenn
man euch aber in einem Ort nicht aufnimmt und
euch nicht hören will, dann geht weiter und
schüttelt den Staub von euren Füßen, zum Zeug-
nis gegen sie. 12 Die Zwölf machten sich auf den
Weg und riefen die Menschen zur Umkehr auf.
13 Sie trieben viele Dämonen aus und salbten viele
Kranke mit Öl und heilten sie.

Das Urteil des Herodes über Jesus

14 Der König Herodes hörte von Jesus; denn sein
Name war bekannt geworden und man sagte:
Johannes der Täufer ist von den Toten auferstan-
den; deshalb wirken solche Kräfte in ihm. 15 Andere
sagten: Er ist Elija. Wieder andere: Er ist ein Pro-
phet, wie einer von den alten Propheten. 16 Als
aber Herodes von ihm hörte, sagte er: Johannes,
den ich enthaupten ließ, ist auferstanden.

6,14 Herodes Antipas, * 20 v. Chr. – †39 n. Chr., herrschte zur Zeit Jesu in Galiläa und Peräa. Er war Sohn Herodes des Großen.

6,15 Der Name Elija bedeutet „Jahwe ist mein Gott". Der Prophet Elija war der erste Prophet in Israel und wirkte im 9. Jh. v. Chr. Seinem Namen entsprechend setzte er sich für den reinen Glauben an Jahwe ein und verurteilte kompromisslos Götzendienst sowie soziale Ungerechtigkeit (vgl. Nabots Weinberg) unter König Ahab und dessen phönizischer Frau Isebel. Später sah man in Elija einen Wegbereiter des Messias. Im NT wird Johannes der Täufer immer wieder mit Elija, dem Vorläufer des Messias, gleichgesetzt. Nicht wenige hielten Jesus für Elija, was Jesus jedoch mit dem Hinweis auf Johannes den Täufer von sich wies.

Die Enthauptung des Täufers
17 Herodes hatte nämlich Johannes festnehmen
und ins Gefängnis werfen lassen. Schuld daran war
Herodias, die Frau seines Bruders Philippus, die er
geheiratet hatte. 18 Denn Johannes hatte zu Hero-
des gesagt: Du hattest nicht das Recht, die Frau
deines Bruders zur Frau zu nehmen. 19 Herodias
verzieh ihm das nicht und wollte ihn töten lassen.
Sie konnte ihren Plan aber nicht durchsetzen,
20 denn Herodes fürchtete sich vor Johannes, weil
er wusste, dass dieser ein gerechter und heiliger
Mann war. Darum schützte er ihn. Sooft er mit ihm
sprach, wurde er unruhig und ratlos, und doch
hörte er ihm gern zu. 21 Eines Tages ergab sich für
Herodias eine günstige Gelegenheit. An seinem
Geburtstag lud Herodes seine Hofbeamten und
Offiziere zusammen mit den vornehmsten Bür-
gern von Galiläa zu einem Festmahl ein. 22 Da kam
die Tochter der Herodias und tanzte und sie gefiel
dem Herodes und seinen Gästen so sehr, dass der
König zu ihr sagte: Wünsch dir, was du willst; ich
werde es dir geben. 23 Er schwor ihr sogar: Was du
auch von mir verlangst, ich will es dir geben, und
wenn es die Hälfte meines Reiches wäre. 24 Sie ging
hinaus und fragte ihre Mutter: Was soll ich mir
wünschen? Herodias antwortete: Den Kopf des
Täufers Johannes. 25 Da lief das Mädchen zum
König hinein und sagte: Ich will, dass du mir sofort
auf einer Schale den Kopf des Täufers Johannes
bringen lässt. 26 Da wurde der König sehr traurig,

aber weil er vor allen Gästen einen Schwur geleis-
tet hatte, wollte er ihren Wunsch nicht ablehnen.
27 Deshalb befahl er einem Scharfrichter, sofort
ins Gefängnis zu gehen und den Kopf des Täufers
herzubringen. Der Scharfrichter ging und enthaup-
tete Johannes. 28 Dann brachte er den Kopf auf
einer Schale, gab ihn dem Mädchen und das Mäd-
chen gab ihn seiner Mutter. 29 Als die Jünger des
Johannes das hörten, kamen sie, holten seinen
Leichnam und legten ihn in ein Grab.

Die Rückkehr der Jünger und die Speisung der Fünftausend

30 Die Apostel versammelten sich wieder bei Jesus
und berichteten ihm alles, was sie getan und ge-
lehrt hatten. 31 Da sagte er zu ihnen: Kommt mit
an einen einsamen Ort, wo wir allein sind, und
ruht ein wenig aus. Denn sie fanden nicht einmal
Zeit zum Essen, so zahlreich waren die Leute, die
kamen und gingen. 32 Sie fuhren also mit dem Boot
in eine einsame Gegend, um allein zu sein. 33 Aber
man sah sie abfahren und viele erfuhren davon;
sie liefen zu Fuß aus allen Städten dorthin und
kamen noch vor ihnen an. 34 Als er ausstieg und die
vielen Menschen sah, hatte er Mitleid mit ihnen;
denn sie waren *wie Schafe, die keinen Hirten
haben.* Und er lehrte sie lange.

35 Gegen Abend kamen seine Jünger zu ihm
und sagten: Der Ort ist abgelegen und es ist schon
spät. 36 Schick sie weg, damit sie in die umliegen-

den Gehöfte und Dörfer gehen und sich etwas zu
essen kaufen können. 37 Er erwiderte: Gebt ihr
ihnen zu essen! Sie sagten zu ihm: Sollen wir weg-
gehen, für zweihundert Denare Brot kaufen und
es ihnen geben, damit sie zu essen haben? 38 Er sag-
te zu ihnen: Wie viele Brote habt ihr? Geht und
seht nach! Sie sahen nach und berichteten: Fünf
Brote und außerdem zwei Fische. 39 Dann befahl
er ihnen, den Leuten zu sagen, sie sollten sich in
Gruppen ins grüne Gras setzen. 40 Und sie setzten
sich in Gruppen zu hundert und zu fünfzig.
41 Darauf nahm er die fünf Brote und die zwei
Fische, blickte zum Himmel auf, sprach den Lob-
preis, brach die Brote und gab sie den Jüngern,
damit sie sie an die Leute austeilten. Auch die
zwei Fische ließ er unter allen verteilen. 42 Und alle
aßen und wurden satt. 43 Als die Jünger die Reste
der Brote und auch der Fische einsammelten,
wurden zwölf Körbe voll. 44 Es waren fünftausend
Männer, die von den Broten gegessen hatten.

Der Gang Jesu auf dem Wasser

45 Gleich darauf forderte er seine Jünger auf, ins
Boot zu steigen und ans andere Ufer nach Betsaida
vorauszufahren. Er selbst wollte inzwischen die
Leute nach Hause schicken. 46 Nachdem er sich von
ihnen verabschiedet hatte, ging er auf einen Berg,
um zu beten. 47 Spät am Abend war das Boot mit-
ten auf dem See, er aber war allein an Land. 48 Und
er sah, wie sie sich beim Rudern abmühten, denn

sie hatten Gegenwind. In der vierten Nachtwache
ging er auf dem See zu ihnen hin, wollte aber an
ihnen vorübergehen. 49 Als sie ihn über den See
gehen sahen, meinten sie, es sei ein Gespenst, und
schrien auf. 50 Alle sahen ihn und erschraken. Doch
er begann mit ihnen zu reden und sagte: Habt Ver-
trauen, ich bin es; fürchtet euch nicht! 51 Dann
stieg er zu ihnen ins Boot und der Wind legte sich.
Sie aber waren bestürzt und außer sich. 52 Denn sie
waren nicht zur Einsicht gekommen, als das mit
den Broten geschah; ihr Herz war verstockt.

Krankenheilungen in Gennesaret

53 Sie fuhren auf das Ufer zu, kamen nach Genne-
saret und legten dort an. 54 Als sie aus dem Boot
stiegen, erkannte man ihn sofort. 55 Die Menschen
eilten durch die ganze Gegend und brachten die
Kranken auf Tragbahren zu ihm, sobald sie hörten,
wo er war. 56 Und immer, wenn er in ein Dorf oder
eine Stadt oder zu einem Gehöft kam, trug man
die Kranken auf die Straße hinaus und bat ihn, er
möge sie wenigstens den Saum seines Gewandes
berühren lassen. Und alle, die ihn berührten, wur-
den geheilt.

Das Evangelium nach Markus, Kapitel 7

Von Reinheit und Unreinheit

[1] Die Pharisäer und einige Schriftgelehrte, die aus
Jerusalem gekommen waren, hielten sich bei Jesus
auf. [2] Sie sahen, dass einige seiner Jünger ihr Brot
mit unreinen, das heißt mit ungewaschenen Hän-
den aßen. [3] Die Pharisäer essen nämlich wie alle
Juden nur, wenn sie vorher mit einer Hand voll
Wasser die Hände gewaschen haben, wie es die
Überlieferung der Alten vorschreibt. [4] Auch wenn
sie vom Markt kommen, essen sie nicht, ohne sich
vorher zu waschen. Noch viele andere überlieferte
Vorschriften halten sie ein, wie das Abspülen von
Bechern, Krügen und Kesseln. [5] Die Pharisäer und
die Schriftgelehrten fragten ihn also: Warum hal-
ten sich deine Jünger nicht an die Überlieferung
der Alten, sondern essen ihr Brot mit unreinen
Händen? [6] Er antwortete ihnen: Der Prophet Jesaja
hatte Recht mit dem, was er über euch Heuchler
sagte:

Dieses Volk ehrt mich mit den Lippen,/sein Herz aber ist weit weg von mir.

7,1 Schriftgelehrte überlieferten und interpretierten von Berufs wegen das Gesetz Mose, die Tora. Da diese das jüdische Leben bestimmte, genossen die Schriftgelehrten hohen Einfluss. So saßen sie z. B. in der Volksregierung und waren Mitglieder des Hohen Rates. In der Synagoge stand ihnen ein Ehrenplatz zu. Im NT werden sie oft zusammen mit der jüdischen Gruppierung der Pharisäer genannt. Ein Pharisäer konnte zwar auch ein Schriftgelehrter sein, andersherum musste jedoch nicht jeder Schriftgelehrte auch gleichzeitig den Pharisäern angehören.

7 *Es ist sinnlos, wie sie mich verehren;/was sie
lehren, sind Satzungen von Menschen.*
8 Ihr gebt Gottes Gebot preis und haltet euch an
die Überlieferung der Menschen. 9 Und weiter sag-
te Jesus: Sehr geschickt setzt ihr Gottes Gebot
außer Kraft und haltet euch an eure eigene Über-
lieferung. 10 Mose hat zum Beispiel gesagt: *Ehre de-
inen Vater und deine Mutter!*, und: *Wer Vater oder
Mutter verflucht, soll mit dem Tod bestraft werden.*
11 Ihr aber lehrt: Es ist erlaubt, dass einer zu seinem
Vater oder seiner Mutter sagt: Was ich dir schulde,
ist Korbán, das heißt: eine Opfergabe. 12 Damit

7,1–8.14–23 Die Reinheitsvorschriften, die von den Juden entwickelt wurden, gingen davon aus, dass alles Geschlechtliche, Ausscheidungen des Körpers, bestimmte Tiere und Menschen (Heiden, Sünder, Kranke mit bestimmten Krankheiten), auch Leichen ebenso wie jede Art von Schmutz verunreinigen, das heißt für den Gottesdienst und das Gebet unwürdig machen. Diese Unreinheit konnte sich durch Berührung auch auf tote Gegenstände übertragen. Man konnte durch religiös festgelegte Waschungen, Fastenübungen und andere religiöse Handlungen wieder im religiösen Sinne rein werden. In der Fachsprache nennt man das „kultische Reinheit“. Nur der kultisch reine Gläubige durfte den Gottesdienst besuchen. Auch Speisen konnten verunreinigen. Demgegenüber stellt Jesus fest, dass der Wert einer Handlung allein von der inneren Haltung des Menschen abhängt.

7,9–13 Das Korbán-Gelübde war ein Gelöbnis, durch das ein Gegenstand in den Dienst Gottes, des Tempels oder des Gottesdienstes gestellt und so vom Menschen nicht mehr genutzt werden konnte. Wer also alle Verpflichtungen und Leistungen seinen Eltern gegenüber durch das Korbán-Gelübde Gott weihte […], entzog den Eltern den Unterhalt, ohne dass er gezwungen werden konnte, das den Eltern nicht Geleistete auch wirklich für religiöse Zwecke einzusetzen. Diese Praxis widersprach deutlich dem Sinn des vierten Gebots, das dazu bestimmt war, auch den Unterhalt alter und kranker Eltern zu sichern, die selber nicht mehr für ihren Lebensunterhalt sorgen konnten.

hindert ihr ihn daran, noch etwas für Vater oder
Mutter zu tun. 13 So setzt ihr durch eure eigene
Überlieferung Gottes Wort außer Kraft. Und ähn-
lich handelt ihr in vielen Fällen.

14 Dann rief er die Leute wieder zu sich und
sagte: Hört mir alle zu und begreift, was ich sage:
15 Nichts, was von außen in den Menschen hin-
einkommt, kann ihn unrein machen, sondern was
aus dem Menschen herauskommt, das macht ihn
unrein. [16]
17 Er verließ die Menge und ging in ein Haus. Da
fragten ihn seine Jünger nach dem Sinn dieses rät-
selhaften Wortes. 18 Er antwortete ihnen: Begreift
auch ihr nicht? Seht ihr nicht ein, dass das, was von
außen in den Menschen hineinkommt, ihn nicht
unrein machen kann? 19 Denn es gelangt ja nicht
in sein Herz, sondern in den Magen und wird wie-
der ausgeschieden. Damit erklärte Jesus alle Spei-
sen für rein. 20 Weiter sagte er: Was aus dem Men-
schen herauskommt, das macht ihn unrein. 21 Denn
von innen, aus dem Herzen der Menschen, kom-
men die bösen Gedanken, Unzucht, Diebstahl,
Mord, 22 Ehebruch, Habgier, Bosheit, Hinterlist,
Ausschweifung, Neid, Verleumdung, Hochmut
und Unvernunft. 23 All dieses Böse kommt von
innen und macht den Menschen unrein.

7,21 Bei den Juden galt das Herz als Mitte der Gemütsregungen und Sitz des Gewissens.

Die Erhörung der Bitte einer heidnischen Frau

24 Jesus brach auf und zog von dort in das Gebiet
von Tyrus. Er ging in ein Haus, wollte aber, dass
niemand davon erfuhr; doch es konnte nicht ver-
borgen bleiben. 25 Eine Frau, deren Tochter von
einem unreinen Geist besessen war, hörte von
ihm; sie kam sogleich herbei und fiel ihm zu Fü-
ßen. 26 Die Frau, von Geburt Syrophönizierin, war
eine Heidin. Sie bat ihn, aus ihrer Tochter den Dä-
mon auszutreiben. 27 Da sagte er zu ihr: Lasst zu-
erst die Kinder satt werden; denn es ist nicht recht,
das Brot den Kindern wegzunehmen und den
Hunden vorzuwerfen. 28 Sie erwiderte ihm: Ja, du
hast recht, Herr! Aber auch für die Hunde unter
dem Tisch fällt etwas von dem Brot ab, das die Kin-
der essen. 29 Er antwortete ihr: Weil du das gesagt
hast, sage ich dir: Geh nach Hause, der Dämon hat
deine Tochter verlassen. 30 Und als sie nach Hause
kam, fand sie das Kind auf dem Bett liegen und
sah, dass der Dämon es verlassen hatte.

7,24 – 30 Jesus hat sich nicht von sich aus an Heiden gewandt, hat aber Heiden geholfen, wenn sie ihn darum baten. „Hund" war ein jüdisches Schimpfwort für die Heiden. Unter einem Heiden und einer Heidin verstand man im AT Nichtjuden. Im damaligen Umfeld waren das v. a. Griechen und Römer. Ihnen gegenüber verstanden sich die Juden als Kinder im Hause Gottes.

7,26 Heidin, wörtlich: Griechin.

Die Heilung eines Taubstummen

31 Jesus verließ das Gebiet von Tyrus wieder und
kam über Sidon an den See von Galiläa, mitten in
das Gebiet der Dekapolis. 32 Da brachte man einen
Taubstummen zu Jesus und bat ihn, er möge ihn
berühren. 33 Er nahm ihn beiseite, von der Menge
weg, legte ihm die Finger in die Ohren und berührte
dann die Zunge des Mannes mit Speichel; 34 da-
nach blickte er zum Himmel auf, seufzte und sagte
zu dem Taubstummen: Effata!, das heißt: Öffne
dich! 35 Sogleich öffneten sich seine Ohren, seine
Zunge wurde von ihrer Fessel befreit und er konnte
richtig reden. 36 Jesus verbot ihnen, jemand davon
zu erzählen. Doch je mehr er es ihnen verbot,
desto mehr machten sie es bekannt. 37 Außer sich
vor Staunen sagten sie: Er hat alles gut gemacht;
er macht, dass die Tauben hören und die Stummen
sprechen.

7,33 Speichel galt damals als Heilmittel.

Das Evangelium nach Markus, Kapitel 8

Die Speisung der Viertausend

1 In jenen Tagen waren wieder einmal viele Men-
schen um Jesus versammelt. Da sie nichts zu essen
hatten, rief er die Jünger zu sich und sagte: 2 Ich
habe Mitleid mit diesen Menschen; sie sind schon
drei Tage bei mir und haben nichts mehr zu essen.
3 Wenn ich sie hungrig nach Hause schicke, wer-
den sie unterwegs zusammenbrechen; denn einige
von ihnen sind von weither gekommen. 4 Seine
Jünger antworteten ihm: Woher soll man in dieser
unbewohnten Gegend Brot bekommen, um sie
alle satt zu machen? 5 Er fragte sie: Wie viele Brote
habt ihr? Sie antworteten: Sieben. 6 Da forderte er
die Leute auf, sich auf den Boden zu setzen. Dann
nahm er die sieben Brote, sprach das Dankgebet,
brach die Brote und gab sie seinen Jüngern zum
Verteilen; und die Jünger teilten sie an die Leute
aus. 7 Sie hatten auch noch ein paar Fische bei sich.
Jesus segnete sie und ließ auch sie austeilen. 8 Die
Leute aßen und wurden satt. Dann sammelte man
die übrig gebliebenen Brotstücke ein, sieben
Körbe voll. 9 Es waren etwa viertausend Menschen

8,5 Sieben Brote, sieben Sachen, ein Buch mit sieben Siegeln, sieben Sakramente, sieben Todsünden, sieben Wochentage, sieben fette und sieben magere Kühe / Jahre – die Sieben ist von alters her eine heilige Zahl. Sie symbolisiert die Fülle und die Vollkommenheit. In der Summe besteht die Sieben aus der Zahl Vier für die Ordnung der Welt (vgl. die vier Elemente, vier Himmelsrichtungen) und der Drei für die göttliche Einheit und Vollkommenheit (vgl. Dreifaltigkeit).

beisammen. Danach schickte er sie nach Hause.
10 Gleich darauf stieg er mit seinen Jüngern ins
Boot und fuhr in das Gebiet von Dalmanuta.

Die Verweigerung eines Zeichens

11 Da kamen die Pharisäer und begannen ein Streit-
gespräch mit ihm; sie forderten von ihm ein Zei-
chen vom Himmel, um ihn auf die Probe zu stel-
len. 12 Da seufzte er tief auf und sagte: Was fordert
diese Generation ein Zeichen? Amen, das sage ich
euch: Dieser Generation wird niemals ein Zeichen
gegeben werden. 13 Und er verließ sie, stieg in das
Boot und fuhr ans andere Ufer.

Warnung vor den Pharisäern und vor Herodes

14 Die Jünger hatten vergessen, bei der Abfahrt
Brote mitzunehmen; nur ein einziges hatten sie
dabei. 15 Und er warnte sie: Gebt Acht, hütet euch
vor dem Sauerteig der Pharisäer und dem Sauer-
teig des Herodes! 16 Sie aber machten sich Gedan-
ken, weil sie kein Brot bei sich hatten. 17 Als er das
merkte, sagte er zu ihnen: Was macht ihr euch da-
rüber Gedanken, dass ihr kein Brot habt? Begreift
und versteht ihr immer noch nicht? Ist denn euer
Herz verstockt? 18 *Habt ihr denn keine Augen, um*
zu sehen, und keine Ohren, um zu hören? Erinnert
ihr euch nicht: 19 Als ich die fünf Brote für die
Fünftausend brach, wie viele Körbe voll Brotstücke
habt ihr da aufgesammelt? Sie antworteten ihm:
Zwölf. 20 Und als ich die sieben Brote für die Vier-
tausend brach, wie viele Körbe voll habt ihr da auf-

gesammelt? Sie antworteten: Sieben. 21 Da sagte er
zu ihnen: Versteht ihr immer noch nicht?

Die Heilung eines Blinden bei Betsaida

22 Sie kamen nach Betsaida. Da brachte man einen
Blinden zu Jesus und bat ihn, er möge ihn berüh-
ren. 23 Er nahm den Blinden bei der Hand, führte
ihn vor das Dorf hinaus, bestrich seine Augen mit
Speichel, legte ihm die Hände auf und fragte ihn:
Siehst du etwas? 24 Der Mann blickte auf und sagte:
Ich sehe Menschen; denn ich sehe etwas, das wie
Bäume aussieht und umhergeht. 25 Da legte er ihm
nochmals die Hände auf die Augen; nun sah der
Mann deutlich. Er war geheilt und konnte alles
ganz genau sehen. 26 Jesus schickte ihn nach Hause
und sagte: Geh aber nicht in das Dorf hinein!

Auf dem Weg nach Jerusalem

Das Messiasbekenntnis des Petrus

27 Jesus ging mit seinen Jüngern in die Dörfer bei
Cäsarea Philippi. Unterwegs fragte er die Jünger:
Für wen halten mich die Menschen? 28 Sie sagten

8,27 ff. Der Begriff „Messias" stammt aus dem Aramäischen und bedeutet „der Gesalbte". Der griechische Begriff dafür lautet „Christos". Schon allein der Gebrauch des Namens „Jesus Christus" stellt damit eine Kurzformel unseres Glaubensbekenntnisses dar. Denn wenn wir von Jesus Christus sprechen, dann bekennen wir damit, dass der historische Mensch Jesus der Messias, also der Gesalbte war. Im AT salbte man Könige und Priester zum Zeichen ihrer Erwählung von Gott. Zur Zeit Jesu hofften die Menschen auf einen solchen Messias, der sie u. a. von der römischen Besatzung befreien und ihre Lebenssituation verbessern sollte.

zu ihm: Einige für Johannes den Täufer, andere
für Elija, wieder andere für sonst einen von den
Propheten. 29 Da fragte er sie: Ihr aber, für wen
haltet ihr mich? Simon Petrus antwortete ihm:
Du bist der Messias! 30 Doch er verbot ihnen, mit
jemand über ihn zu sprechen.

Die erste Ankündigung von Leiden und Auferstehung

31 Dann begann er, sie darüber zu belehren, der
Menschensohn müsse vieles erleiden und von den
Ältesten, den Hohenpriestern und den Schriftge-
lehrten verworfen werden; er werde getötet, aber
nach drei Tagen werde er auferstehen. 32 Und er
redete ganz offen darüber. Da nahm ihn Petrus bei-
seite und machte ihm Vorwürfe. 33 Jesus wandte
sich um, sah seine Jünger an und wies Petrus mit
den Worten zurecht: Weg mit dir, Satan, geh mir
aus den Augen! Denn du hast nicht das im Sinn,
was Gott will, sondern was die Menschen wollen.

8,31 Der Begriff „Menschensohn" bezeichnet im Judentum eine himmlische Gestalt, die am Ende der Zeit die Welt richtet. Wenn sich Jesus hier als Menschensohn bezeichnet, dann will der Verfasser Jesu Hoheit und Richteramt betonen. Im Hebräischen und Aramäischen kann „Menschensohn" allerdings auch einfach „Mensch" bedeuten. Letztendlich ist nicht abschließend geklärt, welche genaue Bedeutung Jesus und später die urchristliche Gemeinde diesem Titel beigemessen haben.

Von Nachfolge und Selbstverleugnung

[34]Er rief die Volksmenge und seine Jünger zu sich
und sagte: Wer mein Jünger sein will, der ver-
leugne sich selbst, nehme sein Kreuz auf sich und
folge mir nach. [35]Denn wer sein Leben retten will,
wird es verlieren; wer aber sein Leben um meinet-
willen und um des Evangeliums willen verliert,
wird es retten. [36]Was nützt es einem Menschen,
wenn er die ganze Welt gewinnt, dabei aber sein
Leben einbüßt? [37]Um welchen Preis könnte ein
Mensch sein Leben zurückkaufen? [38]Denn wer
sich vor dieser treulosen und sündigen Generation
meiner und meiner Worte schämt, dessen wird
sich auch der Menschensohn schämen, wenn er
mit den heiligen Engeln in der Hoheit seines Va-
ters kommt.

Das Evangelium nach Markus, Kapitel 9

[1]Und er sagte zu ihnen: Amen, ich sage euch: Von
denen, die hier stehen, werden einige den Tod
nicht erleiden, bis sie gesehen haben, dass das
Reich Gottes in (seiner ganzen) Macht gekommen
ist.

Die Verklärung Jesu

[2]Sechs Tage danach nahm Jesus Petrus, Jakobus
und Johannes beiseite und führte sie auf einen
hohen Berg, aber nur sie allein. Und er wurde vor
ihren Augen verwandelt; [3]seine Kleider wurden

strahlend weiß, so weiß, wie sie auf Erden kein
Bleicher machen kann. [4]Da erschien vor ihren
Augen Elija und mit ihm Mose und sie redeten mit
Jesus. [5]Petrus sagte zu Jesus: Rabbi, es ist gut, dass
wir hier sind. Wir wollen drei Hütten bauen, eine
für dich, eine für Mose und eine für Elija. [6]Er
wusste nämlich nicht, was er sagen sollte; denn
sie waren vor Furcht ganz benommen. [7]Da kam
eine Wolke und warf ihren Schatten auf sie, und
aus der Wolke rief eine Stimme: Das ist *mein*
geliebter Sohn; auf ihn sollt ihr hören. [8]Als sie dann
um sich blickten, sahen sie auf einmal niemand
mehr bei sich außer Jesus.

[9]Während sie den Berg hinabstiegen, verbot er
ihnen, irgendjemand zu erzählen, was sie gesehen
hatten, bis der Menschensohn von den Toten auf-
erstanden sei. [10]Dieses Wort beschäftigte sie und
sie fragten einander, was das sei: von den Toten
auferstehen.

9,4 Im Auftrag Gottes führte Mose die Israeliten aus der ägyptischen Sklaverei nach Kanaan ins Gelobte Land. Ihm übergab Jahwe die 10 Gebote am Berg Sinai, die in den fünf Büchern Mose, der jüdischen Tora, überliefert sind (Gen, Ex, Lev, Num, Dtn). Die Perikope weist viele Gemeinsamkeiten mit dem Geschehen am Sinai auf (z. B. Berg, Wolke). Gemäß der jüdischen Überlieferung wurden Elija und Mose am Ende ihres Lebens in den Himmel aufgenommen und können hier deshalb als Gesprächspartner des verklärten (von Gott verwandelten) Jesus dienen. Weil Elija als Wegbereiter des Messias galt (vgl. Anmerkung zu Mk 6,15) und vor Mose, dem Vorbild im Glauben, genannt wird, geht man davon aus, dass hier die Bedeutung Jesu für die Endzeit betont werden soll: Jesus bringt als Sohn Gottes und königlicher Messias die endgültige Gottesherrschaft.

Von der Wiederkunft des Elija
11 Da fragten sie ihn: Warum sagen die Schriftge-
lehrten, zuerst müsse Elija kommen? 12 Er ant-
wortete: Ja, Elija kommt zuerst und *stellt* alles
wieder her. Aber warum heißt es dann vom Men-
schensohn in der Schrift, er werde viel leiden
müssen und verachtet werden? 13 Ich sage euch:
Elija ist schon gekommen, doch sie haben mit ihm
gemacht, was sie wollten, wie es in der Schrift
steht.

Die Heilung eines besessenen Jungen
14 Als sie zu den anderen Jüngern zurückkamen,
sahen sie eine große Menschenmenge um sie ver-
sammelt und Schriftgelehrte, die mit ihnen strit-
ten. 15 Sobald die Leute Jesus sahen, liefen sie in
großer Erregung auf ihn zu und begrüßten ihn.
16 Er fragte sie: Warum streitet ihr mit ihnen?
17 Einer aus der Menge antwortete ihm: Meister,
ich habe meinen Sohn zu dir gebracht. Er ist von
einem stummen Geist besessen; 18 immer wenn
der Geist ihn überfällt, wirft er ihn zu Boden und
meinem Sohn tritt Schaum vor den Mund, er
knirscht mit den Zähnen und wird starr. Ich habe
schon deine Jünger gebeten, den Geist auszutrei-
ben, aber sie hatten nicht die Kraft dazu. 19 Da sagte
er zu ihnen: O du ungläubige Generation! Wie
lange muss ich noch bei euch sein? Wie lange
muss ich euch noch ertragen? Bringt ihn zu mir!
20 Und man führte ihn herbei. Sobald der Geist

Jesus sah, zerrte er den Jungen hin und her, sodass
er hinfiel und sich mit Schaum vor dem Mund auf
dem Boden wälzte. 21 Jesus fragte den Vater: Wie
lange hat er das schon? Der Vater antwortete: Von
Kind auf; 22 oft hat er ihn sogar ins Feuer oder ins
Wasser geworfen, um ihn umzubringen. Doch
wenn du kannst, hilf uns; hab Mitleid mit uns!
23 Jesus sagte zu ihm: Wenn du kannst? Alles
kann, wer glaubt. 24 Da rief der Vater des Jungen:
Ich glaube; hilf meinem Unglauben! 25 Als Jesus
sah, dass die Leute zusammenliefen, drohte er dem
unreinen Geist und sagte: Ich befehle dir, du stum-
mer und tauber Geist: Verlass ihn und kehr nicht
mehr in ihn zurück! 26 Da zerrte der Geist den Jun-
gen hin und her und verließ ihn mit lautem
Geschrei. Der Junge lag da wie tot, so dass alle
Leute sagten: Er ist gestorben. 27 Jesus aber fasste
ihn an der Hand und richtete ihn auf, und der
Junge erhob sich.

28 Als Jesus nach Hause kam und sie allein
waren, fragten ihn seine Jünger: Warum konnten
denn wir den Dämon nicht austreiben? 29 Er ant-
wortete ihnen: Diese Art kann nur durch Gebet
ausgetrieben werden.

Die zweite Ankündigung von Leiden und Auferstehung

30 Sie gingen von dort weg und zogen durch Galiläa.
Er wollte aber nicht, dass jemand davon erfuhr;
31 denn er wollte seine Jünger über etwas belehren.
Er sagte zu ihnen: Der Menschensohn wird den
Menschen ausgeliefert und sie werden ihn töten;
doch drei Tage nach seinem Tod wird er auferste-
hen. 32 Aber sie verstanden den Sinn seiner Worte
nicht, scheuten sich jedoch, ihn zu fragen.

Der Rangstreit der Jünger

33 Sie kamen nach Kafarnaum. Als er dann im Haus
war, fragte er sie: Worüber habt ihr unterwegs ge-
sprochen? 34 Sie schwiegen, denn sie hatten unter-
wegs miteinander darüber gesprochen, wer (von
ihnen) der Größte sei. 35 Da setzte er sich, rief die
Zwölf und sagte zu ihnen: Wer der Erste sein will,
soll der Letzte von allen und der Diener aller sein.
36 Und er stellte ein Kind in ihre Mitte, nahm es in
seine Arme und sagte zu ihnen: 37 Wer ein solches
Kind um meinetwillen aufnimmt, der nimmt mich
auf; wer aber mich aufnimmt, der nimmt nicht
nur mich auf, sondern den, der mich gesandt hat.

Der fremde Wundertäter

38 Da sagte Johannes zu ihm: Meister, wir haben
gesehen, wie jemand in deinem Namen Dämonen
austrieb; und wir versuchten, ihn daran zu hin-
dern, weil er uns nicht nachfolgt. 39 Jesus erwider-
te: Hindert ihn nicht! Keiner, der in meinem Na-

men Wunder tut, kann so leicht schlecht von mir
reden. 40 Denn wer nicht gegen uns ist, der ist für
uns. 41 Wer euch auch nur einen Becher Wasser zu
trinken gibt, weil ihr zu Christus gehört – amen, ich
sage euch: er wird nicht um seinen Lohn kommen.

Warnung vor der Verführung

42 Wer einen von diesen Kleinen, die an mich glau-
ben, zum Bösen verführt, für den wäre es besser,
wenn er mit einem Mühlstein um den Hals ins
Meer geworfen würde. 43 Wenn dich deine Hand
zum Bösen verführt, dann hau sie ab; es ist besser
für dich, verstümmelt in das Leben zu gelangen,
als mit zwei Händen in die Hölle zu kommen, in
das nie erlöschende Feuer. [44] 45 Und wenn dich
dein Fuß zum Bösen verführt, dann hau ihn ab; es
ist besser für dich, verstümmelt in das Leben zu
gelangen, als mit zwei Füßen in die Hölle
geworfen zu werden. [46] 47 Und wenn dich dein
Auge zum Bösen verführt, dann reiß es aus; es ist
besser für dich, einäugig in das Reich Gottes zu
kommen, als mit zwei Augen in die Hölle
geworfen zu werden, 48 *wo ihr Wurm nicht stirbt*
und das Feuer nicht erlischt.

Vom Salz

49 Denn jeder wird mit Feuer gesalzen werden.
50 Das Salz ist etwas Gutes. Wenn das Salz die Kraft
zum Salzen verliert, womit wollt ihr ihm seine
Würze wiedergeben? Habt Salz in euch und haltet
Frieden untereinander!

Das Evangelium nach Markus, Kapitel 10

Aufbruch nach Judäa

[1] Von dort brach Jesus auf und kam nach Judäa und
in das Gebiet jenseits des Jordan. Wieder versam-
melten sich viele Leute bei ihm, und er lehrte sie,
wie er es gewohnt war.

Von der Ehescheidung

[2] Da kamen Pharisäer zu ihm und fragten: Darf ein
Mann seine Frau aus der Ehe entlassen? Damit
wollten sie ihm eine Falle stellen. [3] Er antwortete
ihnen: Was hat euch Mose vorgeschrieben? [4] Sie
sagten: Mose hat erlaubt, *eine Scheidungsurkunde*
auszustellen und (die Frau) *aus der Ehe zu entlas-*
sen. [5] Jesus entgegnete ihnen: Nur weil ihr so hart-
herzig seid, hat er euch dieses Gebot gegeben.
[6] Am Anfang der Schöpfung aber *hat Gott sie als*
Mann und Frau geschaffen. [7] *Darum wird der Mann*
Vater und Mutter verlassen, [8] *und die zwei werden*
ein Fleisch sein. Sie sind also nicht mehr zwei, son-
dern eins. [9] Was aber Gott verbunden hat, das darf
der Mensch nicht trennen.

10,3.7 f. Die Entlassung der Frau aus der Ehe war durch das Gesetz des Mose erlaubt (vgl. Dtn 24,1); umstritten war lediglich, welche Gründe dies rechtfertigten: Nach strengeren Auffassungen waren das Ehebruch, ansteckende Krankheit, Geisteskrankheit oder Kinderlosigkeit; nach der zur Zeit Jesu jedoch herrschenden Auffassung konnte alles, was dem Mann an seiner Frau missfiel, eine Scheidung begründen. Nur der Mann konnte eine Scheidung erwirken, die Frau nicht. Da ihr erster Mann sie nun nicht mehr versorgen musste, sie aber – anders als ihr Exmann – nicht wieder heiraten durfte, kam sie sozial und wirtschaftlich in Not.

10 Zu Hause befragten ihn die Jünger noch ein-
mal darüber. 11 Er antwortete ihnen: Wer seine Frau
aus der Ehe entlässt und eine andere heiratet,
begeht ihr gegenüber Ehebruch. 12 Auch eine Frau
begeht Ehebruch, wenn sie ihren Mann aus der
Ehe entlässt und einen anderen heiratet.

Die Segnung der Kinder

13 Da brachte man Kinder zu ihm, damit er ihnen
die Hände auflegte. Die Jünger aber wiesen die
Leute schroff ab. 14 Als Jesus das sah, wurde er un-
willig und sagte zu ihnen: Lasst die Kinder zu mir
kommen; hindert sie nicht daran! Denn Menschen
wie ihnen gehört das Reich Gottes. 15 Amen, das
sage ich euch: Wer das Reich Gottes nicht so an-
nimmt, wie ein Kind, der wird nicht hineinkom-
men. 16 Und er nahm die Kinder in seine Arme;
dann legte er ihnen die Hände auf und segnete sie.

Von Reichtum und Nachfolge

17 Als sich Jesus wieder auf den Weg machte, lief
ein Mann auf ihn zu, fiel vor ihm auf die Knie und
fragte ihn: Guter Meister, was muss ich tun, um
das ewige Leben zu gewinnen? 18 Jesus antworte-
te: Warum nennst du mich gut? Niemand ist gut
außer Gott, dem Einen. 19 Du kennst doch die Ge-
bote: *Du sollst nicht töten, du sollst nicht die Ehe
brechen, du sollst nicht stehlen, du sollst nicht falsch
aussagen*, du sollst keinen Raub begehen; *ehre
deinen Vater und deine Mutter!* 20 Er erwiderte
ihm: Meister, alle diese Gebote habe ich von Ju-

gend an befolgt. 21 Da sah ihn Jesus an, und weil er
ihn liebte, sagte er: Eines fehlt dir noch: Geh, ver-
kaufe, was du hast, gib das Geld den Armen, und
du wirst einen bleibenden Schatz im Himmel
haben; dann komm und folge mir nach! 22 Der
Mann aber war betrübt, als er das hörte, und ging
traurig weg; denn er hatte ein großes Vermögen.
23 Da sah Jesus seine Jünger an und sagte zu ihnen:
Wie schwer ist es für Menschen, die viel besitzen,
in das Reich Gottes zu kommen! 24 Die Jünger
waren über seine Worte bestürzt. Jesus aber sagte
noch einmal zu ihnen: Meine Kinder, wie schwer
ist es, in das Reich Gottes zu kommen! 25 Eher
geht ein Kamel durch ein Nadelöhr, als dass ein
Reicher in das Reich Gottes gelangt. 26 Sie aber
erschraken noch mehr und sagten zueinander:
Wer kann dann noch gerettet werden? 27 Jesus sah
sie an und sagte: Für Menschen ist das unmöglich,
aber nicht für Gott; denn *für Gott ist alles möglich.*

28 Da sagte Petrus zu ihm: Du weißt, wir haben
alles verlassen und sind dir nachgefolgt. 29 Jesus
antwortete: Amen, ich sage euch: Jeder, der um
meinetwillen und um des Evangeliums willen
Haus oder Brüder, Schwestern, Mutter, Vater,
Kinder oder Äcker verlassen hat, 30 wird das Hun-
dertfache dafür empfangen: Jetzt in dieser Zeit
wird er Häuser, Brüder, Schwestern, Mütter, Kin-
der und Äcker erhalten, wenn auch unter Verfol-
gungen, und in der kommenden Welt das ewige
Leben. 31 Viele aber, die jetzt die Ersten sind, wer-

den dann die Letzten sein, und die Letzten werden
die Ersten sein.

Die dritte Ankündigung von Leiden und Auferstehung

32 Während sie auf dem Weg hinauf nach Jerusa-
lem waren, ging Jesus voraus. Die Leute wunder-
ten sich über ihn, die Jünger aber hatten Angst. Da
versammelte er die Zwölf wieder um sich und
kündigte ihnen an, was ihm bevorstand. 33 Er sag-
te: Wir gehen jetzt nach Jerusalem hinauf; dort
wird der Menschensohn den Hohenpriestern und
den Schriftgelehrten ausgeliefert; sie werden ihn
zum Tod verurteilen und den Heiden übergeben;
34 sie werden ihn verspotten, anspucken, geißeln
und töten. Aber nach drei Tagen wird er auferste-
hen.

Vom Herrschen und vom Dienen

35 Da traten Jakobus und Johannes, die Söhne des
Zebedäus, zu ihm und sagten: Meister, wir möch-
ten, dass du uns eine Bitte erfüllst. 36 Er antworte-
te: Was soll ich für euch tun? 37 Sie sagten zu ihm:
Lass in deinem Reich einen von uns rechts und
den andern links neben dir sitzen. 38 Jesus erwi-
derte: Ihr wisst nicht, um was ihr bittet. Könnt ihr
den Kelch trinken, den ich trinke, oder die Taufe
auf euch nehmen, mit der ich getauft werde? 39 Sie
antworteten: Wir können es. Da sagte Jesus zu
ihnen: Ihr werdet den Kelch trinken, den ich trin-
ke, und die Taufe empfangen, mit der ich getauft

werde. 40 Doch den Platz zu meiner Rechten und
zu meiner Linken habe nicht ich zu vergeben; dort
werden die sitzen, für die diese Plätze bestimmt
sind.

41 Als die zehn anderen Jünger das hörten, wur-
den sie sehr ärgerlich über Jakobus und Johannes.
42 Da rief Jesus sie zu sich und sagte: Ihr wisst,
dass die, die als Herrscher gelten, ihre Völker un-
terdrücken und die Mächtigen ihre Macht über die
Menschen missbrauchen. 43 Bei euch aber soll es
nicht so sein, sondern wer bei euch groß sein will,
der soll euer Diener sein, 44 und wer bei euch der
Erste sein will, soll der Sklave aller sein. 45 Denn
auch der Menschensohn ist nicht gekommen, um
sich dienen zu lassen, sondern um zu dienen und
sein Leben hinzugeben als Lösegeld für viele.

Die Heilung eines Blinden bei Jericho

46 Sie kamen nach Jericho. Als er mit seinen Jün-
gern und einer großen Menschenmenge Jericho
wieder verließ, saß an der Straße ein blinder Bett-
ler, Bartimäus, der Sohn des Timäus. 47 Sobald er
hörte, dass es Jesus von Nazaret war, rief er laut:
Sohn Davids, Jesus, hab Erbarmen mit mir! 48 Viele
wurden ärgerlich und befahlen ihm zu schweigen.
Er aber schrie noch viel lauter: Sohn Davids, hab
Erbarmen mit mir! 49 Jesus blieb stehen und sagte:
Ruft ihn her! Sie riefen den Blinden und sagten zu
ihm: Hab nur Mut, steh auf, er ruft dich. 50 Da
warf er seinen Mantel weg, sprang auf und lief auf

Jesus zu. 51 Und Jesus fragte ihn: Was soll ich dir
tun? Der Blinde antwortete: Rabbuni, ich möchte
wieder sehen können. 52 Da sagte Jesus zu ihm:
Geh! Dein Glaube hat dir geholfen. Im gleichen
Augenblick konnte er wieder sehen, und er folgte
Jesus auf seinem Weg.

Das Evangelium nach Markus, Kapitel 11

Die letzten Tage Jesu in Jerusalem

Der Einzug in Jerusalem

1 Als sie in die Nähe von Jerusalem kamen, nach
Betfage und Betanien am Ölberg, schickte er zwei
seiner Jünger voraus. 2 Er sagte zu ihnen: Geht
in das Dorf, das vor euch liegt; gleich wenn ihr
hineinkommt, werdet ihr einen jungen Esel ange-
bunden finden, auf dem noch nie ein Mensch

10,48 König David wurde als Sohn des Isai in Bethlehem im Stamme Juda geboren. Wir kennen ihn v.a. als mutigen Kämpfer Gottes gegen den riesigen Philister Goliath sowie als Dichter von Liedern (vgl. Psalmen). Aufgrund seiner kriegerischen Erfolge wurde David enger Vertrauter des Königs Saul, den David nach dessen Tod als König ablöste. Nach jüdischer Tradition sollte der Messias dem Hause Davids entstammen und das alte Königreich Israel wieder herstellen. In diesem Sinne weist die Bezeichnung „Davidssohn" in dieselbe Richtung wie der Titel „Messias". Markus geht es hier aber nicht um eine tatsächliche Verwandtschaft Jesu Christi mit König David, sondern darum, zu zeigen, dass Jesus Christus der erwartete Messias ist, mit dem die neue Königsherrschaft beginnt und schon jetzt in seinem Wirken erfahrbar ist (vgl. Heilung des blinden Bettlers Bartimäus).

10,51 „Rabbuni" („Mein Meister") ist eine ehrfurchtsvollere Anrede als das schlichte „Rabbi".

gesessen hat. Bindet ihn los, und bringt ihn her!
3 Und wenn jemand zu euch sagt: Was tut ihr da?,
dann antwortet: Der Herr braucht ihn; er lässt ihn
bald wieder zurückbringen. 4 Da machten sie sich
auf den Weg und fanden außen an einer Tür an
der Straße einen jungen Esel angebunden und sie
banden ihn los. 5 Einige, die dabeistanden, sagten
zu ihnen: Wie kommt ihr dazu, den Esel loszu-
binden? 6 Sie gaben ihnen zur Antwort, was Jesus
gesagt hatte, und man ließ sie gewähren. 7 Sie
brachten den jungen Esel zu Jesus, legten ihre Klei-
der auf das Tier und er setzte sich darauf. 8 Und
viele breiteten ihre Kleider auf der Straße aus;
andere rissen auf den Feldern Zweige (von den
Büschen) ab und streuten sie auf den Weg. 9 Die
Leute, die vor ihm hergingen und die ihm folgten,
riefen:

Hosanna!/Gesegnet sei er, der kommt im Namen des Herrn!

10 Gesegnet sei das Reich unseres Vaters David,/das nun kommt./*Hosanna* in der Höhe!

11 Und er zog nach Jerusalem hinein, in den Tempel; nachdem er sich alles angesehen hatte, ging er spät am Abend mit den Zwölf nach Betanien hinaus.

11,9 f Ursprüngliche Bedeutung von „Hosanna“: Bring doch Hilfe!; später ist das Wort unter Verlust des ursprünglichen Sinns zur liturgischen (gottesdienstlichen) Formel geworden. Vergleiche auch die Anmerkung zum Hoheitstitel „Davidssohn“ bei 10,48.

Die Verfluchung eines Feigenbaums

12 Als sie am nächsten Tag Betanien verließen,
hatte er Hunger. 13 Da sah er von weitem einen
Feigenbaum mit Blättern und ging hin, um nach
Früchten zu suchen. Aber er fand an dem Baum
nichts als Blätter; denn es war nicht die Zeit der
Feigenernte. 14 Da sagte er zu ihm: In Ewigkeit soll
niemand mehr eine Frucht von dir essen. Und
seine Jünger hörten es.

Die Tempelreinigung

15 Dann kamen sie nach Jerusalem. Jesus ging in
den Tempel und begann, die Händler und Käufer
aus dem Tempel hinauszutreiben; er stieß die
Tische der Geldwechsler und die Stände der Tau-
benhändler um 16 und ließ nicht zu, dass jemand
irgendetwas durch den Tempelbezirk trug. 17 Er be-
lehrte sie und sagte: Heißt es nicht in der Schrift:
*Mein Haus soll ein Haus des Gebetes für alle Völker
sein?* Ihr aber habt daraus *eine Räuberhöhle* ge-
macht. 18 Die Hohenpriester und die Schriftgelehr-
ten hörten davon und suchten nach einer Möglich-
keit, ihn umzubringen. Denn sie fürchteten ihn,
weil alle Leute von seiner Lehre sehr beeindruckt
waren. 19 Als es Abend wurde, verließ Jesus mit
seinen Jüngern die Stadt.

11,15–19 Im Tempelbezirk konnten die Tempelbesucher Opfertiere kaufen und zur Bezahlung der Tempelsteuer heidnisches Geld in Münzen ohne heidnische Götter- oder Herrscherbilder wechseln.

Vom Glauben

20 Als sie am nächsten Morgen an dem Feigen-
baum vorbeikamen, sahen sie, dass er bis zu den
Wurzeln verdorrt war. 21 Da erinnerte sich Petrus
und sagte zu Jesus: Rabbi, sieh doch, der Feigen-
baum, den du verflucht hast, ist verdorrt. 22 Jesus
sagte zu ihnen: Ihr müsst Glauben an Gott haben.
23 Amen, das sage ich euch: Wenn jemand zu die-
sem Berg sagt: Heb dich empor und stürz dich ins
Meer!, und wenn er in seinem Herzen nicht zwei-
felt, sondern glaubt, dass geschieht, was er sagt,
dann wird es geschehen. 24 Darum sage ich euch:
Alles, worum ihr betet und bittet – glaubt nur,
dass ihr es schon erhalten habt, dann wird es euch
zuteil. 25 Und wenn ihr beten wollt und ihr habt
einem anderen etwas vorzuwerfen, dann vergebt
ihm, damit auch euer Vater im Himmel euch eure
Verfehlungen vergibt. [26]

Die Frage nach der Vollmacht Jesu

27 Sie kamen wieder nach Jerusalem. Als er im
Tempel umherging, kamen die Hohenpriester, die
Schriftgelehrten und die Ältesten zu ihm 28 und
fragten ihn: Mit welchem Recht tust du das alles?
Wer hat dir die Vollmacht gegeben, das zu tun?
29 Jesus sagte zu ihnen: Zuerst will ich euch eine
Frage vorlegen. Antwortet mir, dann werde ich
euch sagen, mit welchem Recht ich das tue.
30 Stammte die Taufe des Johannes vom Himmel
oder von den Menschen? Antwortet mir! 31 Da

überlegten sie und sagten zueinander: Wenn wir antworten: Vom Himmel!, so wird er sagen: Warum habt ihr ihm dann nicht geglaubt?
32 Sollen wir also antworten: Von den Menschen? Sie fürchteten sich aber vor den Leuten; denn alle glaubten, dass Johannes wirklich ein Prophet war.
33 Darum antworteten sie Jesus: Wir wissen es nicht. Jesus erwiderte: Dann sage auch ich euch nicht, mit welchem Recht ich das alles tue.

Das Evangelium nach Markus, Kapitel 12

Das Gleichnis von den bösen Winzern

1 Jesus begann zu ihnen (wieder) in Form von Gleichnissen zu reden. (Er sagte:) Ein Mann *legte einen Weinberg an, zog ringsherum einen Zaun, hob eine Kelter aus und baute einen Turm.* Dann verpachtete er den Weinberg an Winzer und reiste in ein anderes Land.
2 Als nun die Zeit dafür gekommen war, schickte er einen Knecht zu den Winzern, um bei ihnen seinen Anteil an den Früchten des Weinbergs holen zu lassen.
3 Sie aber packten und prügelten ihn und jagten ihn mit leeren Händen fort.
4 Darauf schickte er einen anderen Knecht zu ihnen; auch ihn misshandelten und beschimpften sie.
5 Als er einen dritten schickte, brachten sie ihn um. Ähnlich ging es vielen anderen; die einen wurden geprügelt, die andern umgebracht.
6 Schließlich blieb ihm nur noch

einer: sein geliebter Sohn. Ihn sandte er als letzten
zu ihnen, denn er dachte: Vor meinem Sohn wer-
den sie Achtung haben. 7 Die Winzer aber sagten
zueinander: Das ist der Erbe. Auf, wir wollen ihn
töten, dann gehört sein Erbgut uns. 8 Und sie
packten ihn und brachten ihn um und warfen ihn
aus dem Weinberg hinaus. 9 Was wird nun der
Besitzer des Weinbergs tun? Er wird kommen
und die Winzer töten und den Weinberg anderen
geben. 10 Habt ihr nicht das Schriftwort gelesen:

Der Stein, den die Bauleute verworfen haben,/er ist zum Eckstein geworden;

11 *das hat der Herr vollbracht,/vor unseren Augen geschah dieses Wunder?*

12 Daraufhin hätten sie Jesus gern verhaften lassen; aber sie fürchteten die Menge. Denn sie hatten gemerkt, dass er mit diesem Gleichnis sie meinte. Da ließen sie ihn stehen und gingen weg.

Die Frage nach der kaiserlichen Steuer

13 Einige Pharisäer und einige Anhänger des He-
rodes wurden zu Jesus geschickt, um ihn mit einer
Frage in eine Falle zu locken. 14 Sie kamen zu ihm
und sagten: Meister, wir wissen, dass du immer
die Wahrheit sagst und dabei auf niemand Rück-
sicht nimmst; denn du siehst nicht auf die Person,
sondern lehrst wirklich den Weg Gottes. Ist es er-
laubt, dem Kaiser Steuer zu zahlen, oder nicht?
Sollen wir sie zahlen oder nicht zahlen? 15 Er aber
durchschaute ihre Heuchelei und sagte zu ihnen:

Warum stellt ihr mir eine Falle? Bringt mir einen
Denar, ich will ihn sehen. 16 Man brachte ihm
einen. Da fragte er sie: Wessen Bild und Aufschrift
ist das? Sie antworteten ihm: Des Kaisers. 17 Da
sagte Jesus zu ihnen: So gebt dem Kaiser, was dem
Kaiser gehört, und Gott, was Gott gehört! Und sie
waren sehr erstaunt über ihn.

Die Frage nach der Auferstehung der Toten

18 Von den Sadduzäern, die behaupten, es gebe kei-
ne Auferstehung, kamen einige zu Jesus und frag-
ten ihn: 19 Meister, Mose hat uns vorgeschrieben:
Wenn ein Mann, der einen Bruder hat, stirbt und
eine Frau hinterlässt, *aber kein Kind, dann soll sein*
Bruder die Frau heiraten und seinem *Bruder Nach-*
kommen verschaffen. 20 Es lebten einmal sieben
Brüder. Der erste nahm sich eine Frau, und als er
starb, hinterließ er keine Nachkommen. 21 Da
nahm sie der zweite; auch er starb, ohne Nach-
kommen zu hinterlassen, und ebenso der dritte.
22 Keiner der sieben hatte Nachkommen. Als letzte
von allen starb die Frau. 23 Wessen Frau wird sie
nun bei der Auferstehung sein? Alle sieben haben

12,18 Die Sadduzäer waren jüdische Priester und gehörten zur oberen gesellschaftlichen Schicht mit hoher sozialer Stellung und materieller Sicherheit. Sie verrichteten den Tempeldienst und mussten sich deshalb mit den Römern arrangieren. Aus diesem Grunde waren sie beim einfachen Volk unbeliebt. Die Sadduzäer glaubten nicht an die Auferstehung der Toten und somit auch nicht an ein endzeitliches Gericht.

12,18–27 Zur Zeit Jesu hofften die Pharisäer und ein großer Teil des jüdischen Volkes auf eine allgemeine Auferstehung der Toten am Ende aller Zeit; die Sadduzäer lehnten diese Vorstellung ab.

sie doch zur Frau gehabt. 24Jesus sagte zu ihnen:
Ihr irrt euch, ihr kennt weder die Schrift noch die
Macht Gottes. 25Wenn nämlich die Menschen von
den Toten auferstehen, werden sie nicht mehr hei-
raten, sondern sie werden sein wie die Engel im
Himmel. 26Dass aber die Toten auferstehen, habt
ihr das nicht im Buch des Mose gelesen, in der
Geschichte vom Dornbusch, in der Gott zu Mose
spricht: *Ich bin der Gott Abrahams, der Gott Isaaks
und der Gott Jakobs?* 27Er ist doch nicht ein Gott
von Toten, sondern von Lebenden. Ihr irrt euch
sehr.

Die Frage nach dem wichtigsten Gebot

28Ein Schriftgelehrter hatte ihrem Streit zuge-
hört; und da er bemerkt hatte, wie treffend Jesus
ihnen antwortete, ging er zu ihm hin und fragte
ihn: Welches Gebot ist das erste von allen? 29Je-
sus antwortete: Das erste ist: *Höre, Israel, der Herr,
unser Gott, ist der einzige Herr.* 30*Darum sollst du
den Herrn, deinen Gott, lieben mit ganzem Herzen
und ganzer Seele,* mit all deinen Gedanken *und all
deiner Kraft.* 31Als zweites kommt hinzu: *Du
sollst deinen Nächsten lieben wie dich selbst.* Kein
anderes Gebot ist größer als diese beiden. 32Da
sagte der Schriftgelehrte zu ihm: Sehr gut, Meis-
ter! Ganz richtig hast du gesagt: Er allein ist der
Herr, und es gibt keinen anderen außer ihm,
33und ihn mit ganzem Herzen, ganzem Verstand
und ganzer Kraft zu lieben und den Nächsten zu

lieben wie sich selbst, ist weit mehr als alle Brand-
opfer und anderen Opfer. 34 Jesus sah, dass er mit
Verständnis geantwortet hatte, und sagte zu ihm:
Du bist nicht fern vom Reich Gottes. Und keiner
wagte mehr, Jesus eine Frage zu stellen.

Die Frage nach dem Messias

35 Als Jesus im Tempel lehrte, sagte er: Wie kön-
nen die Schriftgelehrten behaupten, der Messias sei
der Sohn Davids? 36 Denn David hat, vom Heili-
gen Geist erfüllt, selbst gesagt: *Der Herr sprach zu
meinem Herrn: Setze dich mir zur Rechten und ich
lege dir deine Feinde unter die Füße.* 37 David selbst
also nennt ihn „Herr". Wie kann er dann Davids
Sohn sein? Es war eine große Menschenmenge
versammelt und hörte ihm mit Freude zu.

Worte gegen die Schriftgelehrten

38 Er lehrte sie und sagte: Nehmt euch in Acht vor
den Schriftgelehrten! Sie gehen gern in langen
Gewändern umher, lieben es, wenn man sie auf
den Straßen und Plätzen grüßt, 39 und sie wollen
in der Synagoge die vordersten Sitze und bei jedem
Festmahl die Ehrenplätze haben. 40 Sie bringen die
Witwen um ihre Häuser und verrichten in ihrer
Scheinheiligkeit lange Gebete. Aber um so härter
wird das Urteil sein, das sie erwartet.

12,35 Vgl. die Anmerkung zum Hoheitstitel „Davidssohn" bei 10,48.

Das Opfer der Witwe

41 Als Jesus einmal dem Opferkasten gegenüber-
saß, sah er zu, wie die Leute Geld in den Kasten
warfen. Viele Reiche kamen und gaben viel. 42 Da
kam auch eine arme Witwe und warf zwei kleine
Münzen hinein. 43 Er rief seine Jünger zu sich und
sagte: Amen, ich sage euch: Diese arme Witwe hat
mehr in den Opferkasten hineingeworfen als alle
andern. 44 Denn sie alle haben nur etwas von ihrem
Überfluss hergegeben; diese Frau aber, die kaum
das Nötigste zum Leben hat, sie hat alles gegeben,
was sie besaß, ihren ganzen Lebensunterhalt.

Das Evangelium nach Markus, Kapitel 13

Die Rede über die Endzeit

Die Ankündigung der Zerstörung des Tempels

1 Als Jesus den Tempel verließ, sagte einer von sei-
nen Jüngern zu ihm: Meister, sieh, was für Steine
und was für Bauten! 2 Jesus sagte zu ihm: Siehst
du diese großen Bauten? Kein Stein wird auf dem
andern bleiben, alles wird niedergerissen.

12,41 Im Vorhof der Frauen, zu dem beide Geschlechter Zutritt hatten, befand sich die Schatzkammer mit dreizehn trompetenförmigen Opferstöcken. Die Opfermünzen wurden von einem Priester überprüft und dann in den Opferstock geworfen.

Vom Anfang der Not

3 Und als er auf dem Ölberg saß, dem Tempel ge-
genüber, fragten ihn Petrus, Jakobus, Johannes
und Andreas, die mit ihm allein waren: 4 Sag uns,
wann wird das geschehen, und an welchem Zei-
chen wird man erkennen, dass das Ende von all
dem bevorsteht? 5 Jesus sagte zu ihnen: Gebt
Acht, dass euch niemand irreführt! 6 Viele werden
unter meinem Namen auftreten und sagen: Ich
bin es! Und sie werden viele irreführen.

7 Wenn ihr dann von Kriegen hört und Nach-
richten über Kriege euch beunruhigen, lasst euch
nicht erschrecken! Das muss geschehen. Es ist
aber noch nicht das Ende. 8 Denn ein Volk wird
sich gegen das andere erheben und ein Reich ge-
gen das andere. Und an vielen Orten wird es Erd-
beben und Hungersnöte geben. Doch das ist erst
der Anfang der Wehen.

9 Ihr aber, macht euch darauf gefasst: Man wird
euch um meinetwillen vor die Gerichte bringen,
in den Synagogen misshandeln und vor Statthal-
ter und Könige stellen, damit ihr vor ihnen Zeug-
nis ablegt. 10 Vor dem Ende aber muss allen Völ-
kern das Evangelium verkündet werden. 11 Und
wenn man euch abführt und vor Gericht stellt,
dann macht euch nicht im voraus Sorgen, was ihr
sagen sollt; sondern was euch in jener Stunde ein-
gegeben wird, das sagt! Denn nicht ihr werdet
dann reden, sondern der Heilige Geist. 12 Brüder
werden einander dem Tod ausliefern und Väter

ihre Kinder, und die Kinder werden sich gegen
ihre Eltern auflehnen und sie in den Tod schicken.
13 Und ihr werdet um meines Namens willen von
allen gehasst werden; wer aber bis zum Ende
standhaft bleibt, der wird gerettet.

Vom Höhepunkt der Not

14 Wenn ihr aber den *unheilvollen Gräuel* an dem
Ort seht, wo er nicht stehen darf – der Leser be-
greife –, dann sollen die Bewohner von Judäa in
die Berge fliehen; 15 wer gerade auf dem Dach ist,
soll nicht hinabsteigen und ins Haus gehen, um
etwas mitzunehmen; 16 wer auf dem Feld ist, soll
nicht zurückkehren, um seinen Mantel zu holen.
17 Weh aber den Frauen, die in jenen Tagen schwan-
ger sind oder ein Kind stillen. 18 Betet darum, dass
dies alles nicht im Winter eintritt. 19 Denn jene
Tage werden eine *Not* bringen, *wie es noch nie eine
gegeben hat, seit* Gott *die Welt erschuf, und wie es
auch keine mehr geben wird.* 20 Und wenn der Herr
diese Zeit nicht verkürzen würde, dann würde kein
Mensch gerettet; aber um seiner Auserwählten
willen hat er diese Zeit verkürzt.

21 Wenn dann jemand zu euch sagt: Seht, hier
ist der Messias!, oder: Seht, dort ist er!, so glaubt
es nicht! 22 Denn es wird mancher falsche Messias
und mancher falsche Prophet auftreten und sie
werden Zeichen und Wunder tun, um, wenn mög-
lich, die Auserwählten irrezuführen. 23 Ihr aber,
seht euch vor! Ich habe euch alles vorausgesagt.

Vom Kommen des Menschensohnes

24 Aber in jenen Tagen, nach der großen Not, *wird*
sich die Sonne verfinstern und der Mond wird nicht
mehr scheinen; 25 *die Sterne werden* vom Himmel
fallen und die Kräfte des Himmels werden er-
schüttert werden. 26 Dann wird man den *Men-*
schensohn mit großer Macht und Herrlichkeit *auf*
den Wolken kommen sehen. 27 Und er wird die
Engel aussenden und die von ihm Auserwählten
aus allen vier Windrichtungen zusammenführen,
vom Ende der Erde bis zum Ende des Himmels.

Mahnungen im Hinblick auf das Ende

28 Lernt etwas aus dem Vergleich mit dem Fei-
genbaum! Sobald seine Zweige saftig werden und
Blätter treiben, wisst ihr, dass der Sommer nahe
ist. 29 Genauso sollt ihr erkennen, wenn ihr (all)
das geschehen seht, dass das Ende vor der Tür
steht. 30 Amen, ich sage euch: Diese Generation
wird nicht vergehen, bis das alles eintrifft. 31 Him-
mel und Erde werden vergehen, aber meine Worte
werden nicht vergehen. 32 Doch jenen Tag und
jene Stunde kennt niemand, auch nicht die Engel
im Himmel, nicht einmal der Sohn, sondern nur
der Vater.

33 Seht euch also vor und bleibt wach! Denn ihr
wisst nicht, wann die Zeit da ist. 34 Es ist wie mit
einem Mann, der sein Haus verließ, um auf Reisen
zu gehen: Er übertrug alle Verantwortung seinen
Dienern, jedem eine bestimmte Aufgabe; dem

Türhüter befahl er, wachsam zu sein. [35]Seid also
wachsam! Denn ihr wisst nicht, wann der Haus-
herr kommt, ob am Abend oder um Mitternacht,
ob beim Hahnenschrei oder erst am Morgen. [36]Er
soll euch, wenn er plötzlich kommt, nicht schla-
fend antreffen. [37]Was ich aber euch sage, das sage
ich allen: Seid wachsam!

Das Evangelium nach Markus, Kapitel 14

Das Leiden und die Auferstehung Jesu

Der Beschluss des Hohen Rates

[1]Es war zwei Tage vor dem Pascha und dem Fest
der Ungesäuerten Brote. Die Hohenpriester und
die Schriftgelehrten suchten nach einer Möglich-
keit, Jesus mit List in ihre Gewalt zu bringen, um
ihn zu töten. [2]Sie sagten aber: Ja nicht am Fest,
damit es im Volk keinen Aufruhr gibt.

14,1 Das jüdische Paschafest zum Gedenken an den Auszug aus Ägypten war mit dem Fest der ungesäuerten Brote (Mazzot) verbunden und umfasste zwei verschiedene Festelemente: die Feier des Paschamahls und der ersten Vollmondnacht nach der Frühjahrs-Tagundnachtgleiche am 14. Nisan (jüdischer Monat), und das anschließende, 7 Tage dauernde Wallfahrtsfest, das ursprünglich das neue Erntejahr einleitete. Am 14. Nisan wurde alles Sauerteigbrot aus den Häusern entfernt, und am Nachmittag dieses Tages wurden im Tempel die Lämmer geschlachtet. Es mussten männliche Tiere sein, einjährig und fehlerlos.

Die Salbung in Betanien

3 Als Jesus in Betanien im Haus Simons des Aussätzigen bei Tisch war, kam eine Frau mit einem Alabastergefäß voll echtem, kostbarem Nardenöl,
zerbrach es und goss das Öl über sein Haar.
4 Einige aber wurden unwillig und sagten zueinander:
Wozu diese Verschwendung?
5 Man hätte das Öl
um mehr als dreihundert Denare verkaufen und
das Geld den Armen geben können. Und sie machten der Frau heftige Vorwürfe.
6 Jesus aber sagte:
Hört auf! Warum lasst ihr sie nicht in Ruhe? Sie
hat ein gutes Werk an mir getan.
7 Denn die Armen
habt ihr immer bei euch und ihr könnt ihnen Gutes tun, so oft ihr wollt; mich aber habt ihr nicht
immer.
8 Sie hat getan, was sie konnte. Sie hat im
voraus meinen Leib für das Begräbnis gesalbt.
9 Amen, ich sage euch: Überall auf der Welt, wo
das Evangelium verkündet wird, wird man sich an
sie erinnern und erzählen, was sie getan hat.

14,3 Nardenöl wird aus der Wurzel der indischen Narde gewonnen, die im Himalaya auf bis zu 5 500 m Höhe wild wächst, aber auch in Teilen Chinas, Afghanistans und Nepals beheimatet ist. In der europäischen Pflanzenheilkunde schreibt man ihr eine beruhigende sowie den Geist und das Bewusstsein fördernde Wirkung zu. Die duftende, aromatische und sehr wertvolle Nutz- und Heilpflanze wurde schon in der Antike bis in den Mittelmeerraum exportiert und zur Zubereitung kostbarer Öle und Salben verwendet. Nach Joh 12,5 kostete eine Flasche Öl 300 Silbergroschen, was dem Jahreseinkommen eines durchschnittlichen Arbeiters entsprach. Aufgrund von unkontrollierter Wildsammlung ist sie heute vom Aussterben bedroht und darf z. B. aus Nepal nicht mehr als Rohware exportiert werden.

Der Verrat durch Judas

10 Judas Iskariot, einer der Zwölf, ging zu den
Hohenpriestern. Er wollte Jesus an sie ausliefern.
11 Als sie das hörten, freuten sie sich und ver-
sprachen, ihm Geld dafür zu geben. Von da an
suchte er nach einer günstigen Gelegenheit, ihn
auszuliefern.

Die Vorbereitung des Paschamahls

12 Am ersten Tag des Festes der Ungesäuerten
Brote, an dem man das Paschalamm schlachtete,
sagten die Jünger zu Jesus: Wo sollen wir das
Paschamahl für dich vorbereiten? 13 Da schickte er
zwei seiner Jünger voraus und sagte zu ihnen:
Geht in die Stadt; dort wird euch ein Mann be-
gegnen, der einen Wasserkrug trägt. Folgt ihm,
14 bis er in ein Haus hineingeht; dann sagt zu dem
Herrn des Hauses: Der Meister lässt dich fragen:
Wo ist der Raum, in dem ich mit meinen Jüngern
das Paschalamm essen kann? 15 Und der Hausherr
wird euch einen großen Raum im Obergeschoss
zeigen, der schon für das Festmahl hergerichtet
und mit Polstern ausgestattet ist. Dort bereitet
alles für uns vor! 16 Die Jünger machten sich auf
den Weg und kamen in die Stadt. Sie fanden alles
so, wie er es ihnen gesagt hatte, und bereiteten das
Paschamahl vor.

14,13 f Normalerweise waren es Frauen, die das Wasser trugen. Insofern handelt es sich hier um ein auffälliges Erkennungszeichen.

Das Mahl

17 Als es Abend wurde, kam Jesus mit den Zwölf.
18 Während sie nun bei Tisch waren und aßen,
sagte er: Amen, ich sage euch: Einer von euch wird
mich verraten und ausliefern, *einer von denen, die
zusammen mit mir essen.* 19 Da wurden sie traurig
und einer nach dem andern fragte ihn: Doch nicht
etwa ich? 20 Er sagte zu ihnen: Einer von euch
Zwölf, der mit mir aus derselben Schüssel isst.
21 Der Menschensohn muss zwar seinen Weg
gehen, wie die Schrift über ihn sagt. Doch weh
dem Menschen, durch den der Menschensohn
verraten wird. Für ihn wäre es besser, wenn er nie
geboren wäre.

22 Während des Mahls nahm er das Brot und
sprach den Lobpreis; dann brach er das Brot,
reichte es ihnen und sagte: Nehmt, das ist mein
Leib. 23 Dann nahm er den Kelch, sprach das
Dankgebet, reichte ihn den Jüngern und sie tran-
ken alle daraus. 24 Und er sagte zu ihnen: Das ist
mein Blut, *das Blut des Bundes*, das für viele ver-
gossen wird. 25 Amen, ich sage euch: Ich werde
nicht mehr von der Frucht des Weinstocks trinken
bis zu dem Tag, an dem ich von neuem davon
trinke im Reich Gottes.

Der Gang zum Ölberg

26 Nach dem Lobgesang gingen sie zum Ölberg
hinaus. 27 Da sagte Jesus zu ihnen: Ihr werdet alle
(an mir) Anstoß nehmen und zu Fall kommen;

denn in der Schrift steht: *Ich werde den Hirten*
erschlagen, dann werden sich die Schafe zerstreuen.
[28] Aber nach meiner Auferstehung werde ich euch
nach Galiläa vorausgehen. [29] Da sagte Petrus zu
ihm: Auch wenn alle (an dir) Anstoß nehmen –
ich nicht! [30] Jesus antwortete ihm: Amen, ich sage
dir: Noch heute Nacht, ehe der Hahn zweimal
kräht, wirst du mich dreimal verleugnen. [31] Petrus
aber beteuerte: Und wenn ich mit dir sterben
müsste – ich werde dich nie verleugnen. Das glei-
che sagten auch alle anderen.

Das Gebet in Getsemani

[32] Sie kamen zu einem Grundstück, das Getse-
mani heißt, und er sagte zu seinen Jüngern: Setzt
euch und wartet hier, während ich bete. [33] Und er
nahm Petrus, Jakobus und Johannes mit sich. Da
ergriff ihn Furcht und Angst, [34] und er sagte zu
ihnen: Meine Seele ist zu Tode betrübt. Bleibt hier
und wacht! [35] Und er ging ein Stück weiter, warf
sich auf die Erde nieder und betete, dass die Stun-
de, wenn möglich, an ihm vorübergehe. [36] Er
sprach: Abba, Vater, alles ist dir möglich. Nimm
diesen Kelch von mir! Aber nicht, was ich will,
sondern was du willst (soll geschehen). [37] Und er
ging zurück und fand sie schlafend. Da sagte er zu
Petrus: Simon, du schläfst? Konntest du nicht
einmal eine Stunde wach bleiben? [38] Wacht und

14,36 Abba: im Aramäischen die vertrauliche Form, in der man den Familienvater anredet.

betet, damit ihr nicht in Versuchung geratet. Der
Geist ist willig, aber das Fleisch ist schwach.
39 Und er ging wieder weg und betete mit den
gleichen Worten. 40 Als er zurückkam, fand er sie
wieder schlafend, denn die Augen waren ihnen
zugefallen; und sie wussten nicht, was sie ihm
antworten sollten. 41 Und er kam zum dritten Mal
und sagte zu ihnen: Schlaft ihr immer noch und
ruht euch aus? Es ist genug. Die Stunde ist gekommen;
jetzt wird der Menschensohn den Sündern
ausgeliefert. 42 Steht auf, wir wollen gehen!
Seht, der Verräter, der mich ausliefert, ist da.

Die Gefangennahme

43 Noch während er redete, kam Judas, einer der
Zwölf, mit einer Schar von Männern, die mit
Schwertern und Knüppeln bewaffnet waren; sie
waren von den Hohenpriestern, den Schriftgelehrten
und den Ältesten geschickt worden. 44 Der
Verräter hatte mit ihnen ein Zeichen vereinbart
und gesagt: Der, den ich küssen werde, der ist es.
Nehmt ihn fest, führt ihn ab und lasst ihn nicht
entkommen. 45 Und als er kam, ging er sogleich
auf Jesus zu und sagte: Rabbi! Und er küsste ihn.
46 Da ergriffen sie ihn und nahmen ihn fest.
47 Einer von denen, die dabeistanden, zog das
Schwert, schlug auf den Diener des Hohenpriesters
ein und hieb ihm ein Ohr ab. 48 Da sagte Jesus
zu ihnen: Wie gegen einen Räuber seid ihr mit
Schwertern und Knüppeln ausgezogen, um mich

festzunehmen. 49 Tag für Tag war ich bei euch im
Tempel und lehrte und ihr habt mich nicht ver-
haftet; aber (das ist geschehen), damit die Schrift
in Erfüllung geht. 50 Da verließen ihn alle und
flohen. 51 Ein junger Mann aber, der nur mit einem
leinenen Tuch bekleidet war, wollte ihm nach-
gehen. Da packten sie ihn; 52 er aber ließ das Tuch
fallen und lief nackt davon.

Das Verhör vor dem Hohen Rat

53 Darauf führten sie Jesus zum Hohenpriester und
es versammelten sich alle Hohenpriester und
Ältesten und Schriftgelehrten. 54 Petrus aber war
Jesus von weitem bis in den Hof des hohepries-
terlichen Palastes gefolgt; nun saß er dort bei den
Dienern und wärmte sich am Feuer.
55 Die Hohenpriester und der ganze Hohe Rat be-
mühten sich um Zeugenaussagen gegen Jesus, um
ihn zum Tod verurteilen zu können; sie fanden
aber nichts. 56 Viele machten zwar falsche Aussagen
über ihn, aber die Aussagen stimmten nicht über-
ein. 57 Einige der falschen Zeugen, die gegen ihn
auftraten, behaupteten: 58 Wir haben ihn sagen

14,53–65 Markus berichtet wie Matthäus von einem nächtlichen Verhör vor dem Hohenpriester und vor Mitgliedern des Hohen Rates, bei dem der Hohe Rat das Todesurteil fällte. Nach LK 22,66–71 fand dieses Verhör am Morgen statt, ohne ausdrückliches Todesurteil. Nach Joh 18,12–24 wurde Jesus von dem Hohenpriester Hannas nach seiner Lehre und seinen Anhängern befragt und dann noch dem amtierenden Hohenpriester Kajaphas vorgeführt. Von einem eigentlichen Verhör oder gar einer Verurteilung zum Tod durch die Juden wird bei Johannes nichts erzählt.

hören: Ich werde diesen von Menschen erbauten
Tempel niederreißen und in drei Tagen einen
anderen errichten, der nicht von Menschenhand
gemacht ist. 59 Aber auch in diesem Fall stimmten
die Aussagen nicht überein. 60 Da stand der Hohe-
priester auf, trat in die Mitte und fragte Jesus:
Willst du denn nichts sagen zu dem, was diese
Leute gegen dich vorbringen? 61 Er aber schwieg
und gab keine Antwort. Da wandte sich der Ho-
hepriester nochmals an ihn und fragte: Bist du der
Messias, der Sohn des Hochgelobten? 62 Jesus sag-
te: Ich bin es. Und ihr werdet *den Menschensohn*
zur Rechten der Macht *sitzen und mit den Wolken*
des Himmels kommen sehen. 63 Da zerriss der
Hohepriester sein Gewand und rief: Wozu brau-
chen wir noch Zeugen? 64 Ihr habt die Gottesläste-
rung gehört. Was ist eure Meinung? Und sie fällten
einstimmig das Urteil: Er ist schuldig und muss
sterben.

65 Und einige spuckten ihn an, verhüllten sein
Gesicht, schlugen ihn und riefen: Zeig, dass du ein
Prophet bist! Auch die Diener schlugen ihn ins
Gesicht.

Die Verleugnung durch Petrus

66 Als Petrus unten im Hof war, kam eine von den
Mägden des Hohenpriesters. 67 Sie sah, wie Petrus
sich wärmte, blickte ihn an und sagte: Auch du
warst mit diesem Jesus aus Nazaret zusammen.
68 Doch er leugnete es und sagte: Ich weiß nicht

und verstehe nicht, wovon du redest. Dann ging
er in den Vorhof hinaus. 69 Als die Magd ihn dort
bemerkte, sagte sie zu denen, die dabeistanden,
noch einmal: Der gehört zu ihnen. 70 Er aber leug-
nete es wieder ab. Wenig später sagten die Leute,
die dort standen, von neuem zu Petrus: Du ge-
hörst wirklich zu ihnen; du bist doch auch ein
Galiläer. 71 Da fing er an zu fluchen und schwor:
Ich kenne diesen Menschen nicht, von dem ihr
redet. 72 Gleich darauf krähte der Hahn zum
zweiten Mal, und Petrus erinnerte sich, dass Jesus
zu ihm gesagt hatte: Ehe der Hahn zweimal kräht,
wirst du mich dreimal verleugnen. Und er begann
zu weinen.

Das Evangelium nach Markus, Kapitel 15

Die Verhandlung vor Pilatus

1 Gleich in der Frühe fassten die Hohenpriester,
die Ältesten und die Schriftgelehrten, also der
ganze Hohe Rat, über Jesus einen Beschluss: Sie
ließen ihn fesseln und abführen und lieferten ihn
Pilatus aus. 2 Pilatus fragte ihn: Bist du der König
der Juden? Er antwortete ihm: Du sagst es. 3 Die
Hohenpriester brachten viele Anklagen gegen ihn
vor. 4 Da wandte sich Pilatus wieder an ihn und
fragte: Willst du denn nichts dazu sagen? Sieh
doch, wie viele Anklagen sie gegen dich vorbrin-
gen. 5 Jesus aber gab keine Antwort mehr, sodass
Pilatus sich wunderte.

6 Jeweils zum Fest ließ Pilatus einen Gefange-
nen frei, den sie sich ausbitten durften. 7 Damals
saß gerade ein Mann namens Barabbas im Gefäng-
nis, zusammen mit anderen Aufrührern, die bei
einem Aufstand einen Mord begangen hatten.
8 Die Volksmenge zog (zu Pilatus) hinauf und bat,
ihnen die gleiche Gunst zu gewähren wie sonst.
9 Pilatus fragte sie: Wollt ihr, dass ich den König

15,1–15 Pontius Pilatus war der Statthalter (Präfekt) der römischen Provinz Judäa von 26–36 n. Chr. Ihm stand das Recht zu, die Todesstrafe zu verhängen. Religiöse Vergehen wurden nur dann mit dem Tod bestraft, wenn es sich um eine Entehrung geschützter religiöser Einrichtungen oder um Hochverrat handelte. Nach 27,11 wurde Jesus bei Pilatus als politischer Hochverräter angeklagt; das wird durch die gerade hierfür vorgesehene Hinrichtungsart der Kreuzigung bestätigt. Sein Heilbringer-Anspruch wurde politisch missdeutet.

der Juden freilasse? 10 Er merkte nämlich, dass die
Hohenpriester nur aus Neid Jesus an ihn ausge-
liefert hatten. 11 Die Hohenpriester aber wiegelten
die Menge auf, lieber die Freilassung des Barabbas
zu fordern. 12 Pilatus wandte sich von neuem an
sie und fragte: Was soll ich dann mit dem tun,
den ihr den König der Juden nennt? 13 Da schrien
sie: Kreuzige ihn! 14 Pilatus entgegnete: Was hat er
denn für ein Verbrechen begangen? Sie schrien
noch lauter: Kreuzige ihn! 15 Darauf ließ Pilatus,
um die Menge zufrieden zu stellen, Barabbas frei
und gab den Befehl, Jesus zu geißeln und zu kreu-
zigen.

Die Verspottung Jesu durch die Soldaten

16 Die Soldaten führten ihn in den Palast hinein,
das heißt in das Prätorium, und riefen die ganze
Kohorte zusammen. 17 Dann legten sie ihm einen
Purpurmantel um und flochten einen Dornen-
kranz; den setzten sie ihm auf 18 und grüßten ihn:
Heil dir, König der Juden! 19 Sie schlugen ihm mit
einem Stock auf den Kopf und spuckten ihn an,
knieten vor ihm nieder und huldigten ihm.
20 Nachdem sie so ihren Spott mit ihm getrieben
hatten, nahmen sie ihm den Purpurmantel ab und
zogen ihm seine eigenen Kleider wieder an. Dann
führten sie Jesus hinaus, um ihn zu kreuzigen.

15,16–20 Die Verspottung Jesu als König weist auf den Urteilsgrund hin und zeigt zugleich die Verachtung der römischen Soldaten gegenüber den Juden.

Die Kreuzigung

21 Einen Mann, der gerade vom Feld kam, Simon
von Zyrene, den Vater des Alexander und des Ru-
fus, zwangen sie, sein Kreuz zu tragen. 22 Und sie
brachten Jesus an einen Ort namens Golgota, das
heißt übersetzt: Schädelhöhe. 23 Dort reichten sie
ihm Wein, der mit Myrrhe gewürzt war; er aber
nahm ihn nicht. 24 Dann kreuzigten sie ihn. *Sie
warfen das Los und verteilten* seine *Kleider unter
sich* und gaben jedem, was ihm zufiel. 25 Es war
die dritte Stunde, als sie ihn kreuzigten. 26 Und
eine Aufschrift (auf einer Tafel) gab seine Schuld
an: Der König der Juden. 27 Zusammen mit ihm
kreuzigten sie zwei Räuber, den einen rechts von
ihm, den andern links. [28] 29 Die Leute, die vor-
beikamen, verhöhnten ihn, *schüttelten den Kopf*
und riefen: Ach, du willst den Tempel niederrei-
ßen und in drei Tagen wieder aufbauen? 30 Hilf dir
doch selbst und steig herab vom Kreuz! 31 Auch
die Hohenpriester und die Schriftgelehrten ver-
höhnten ihn und sagten zueinander: Anderen hat
er geholfen, sich selbst kann er nicht helfen. 32 Der
Messias, der König von Israel! Er soll doch jetzt
vom Kreuz herabsteigen, damit wir sehen und

15,23 Ein Mischtrank aus saurem Wein und Myrrhe diente zur Betäubung der zum Kreuzestod Verurteilten.

15,24 Nach römischem Brauch fielen die Kleider des Verurteilten dem Hinrichtungstrupp zu.

15,26 Nach römischer Sitte wurde der Grund für die Verurteilung auf einer Tafel angegeben, die dem Verurteilten auf dem Weg zur Hinrichtung vorangetragen wurde.

glauben. Auch die beiden Männer, die mit ihm zusammen gekreuzigt wurden, beschimpften ihn.

Der Tod Jesu

33 Als die sechste Stunde kam, brach über das ganze Land eine Finsternis herein. Sie dauerte bis zur
neunten Stunde. 34 Und in der neunten Stunde rief
Jesus mit lauter Stimme: *Eloï, Eloï, lema sabachtani?*, das heißt übersetzt: *Mein Gott, mein Gott,
warum hast du mich verlassen?* 35 Einige von
denen, die dabeistanden und es hörten, sagten:
Hört, er ruft nach Elija! 36 Einer lief hin, tauchte
einen Schwamm in *Essig*, steckte ihn auf einen
Stock und *gab* Jesus *zu trinken*. Dabei sagte er:
Lasst uns doch sehen, ob Elija kommt und ihn
herabnimmt. 37 Jesus aber schrie laut auf. Dann
hauchte er den Geist aus.

38 Da riss der Vorhang im Tempel von oben bis unten entzwei.

39 Als der Hauptmann, der Jesus gegenüberstand, ihn auf diese Weise sterben sah, sagte er: Wahrhaftig, dieser Mensch war Gottes Sohn.

15,33 Die Juden rechneten damals die Tageszeit von Sonnenaufgang bis Sonnenuntergang und teilten diese Spanne in 12 „Stunden" ein. Die „dritte Stunde" war also etwa um neun Uhr.

15,35 Elija galt im jüdischen Volksglauben als Nothelfer der Gerechten, vor allem als Beistand in der Todesstunde. Vergleiche auch die Anmerkung zu 6,15.

15,38 Gemeint ist wohl der Vorhang zwischen dem Heiligen und dem Allerheiligsten im Tempelgebäude. Das Ereignis ist als ein Gerichts- und Strafzeichen zu verstehen, das die Messianität Jesu bestätigt.

40 Auch einige Frauen sahen von weitem zu,
darunter Maria aus Magdala, Maria, die Mutter
von Jakobus dem Kleinen und Joses, sowie Salo-
me; 41 sie waren Jesus schon in Galiläa nachgefolgt
und hatten ihm gedient. Noch viele andere Frauen
waren dabei, die mit ihm nach Jerusalem hinauf-
gezogen waren.

Das Begräbnis Jesu

42 Da es Rüsttag war, der Tag vor dem Sabbat, und
es schon Abend wurde, 43 ging Josef von Arimathäa,
ein vornehmer Ratsherr, der auch auf das Reich
Gottes wartete, zu Pilatus und wagte es, um den
Leichnam Jesu zu bitten. 44 Pilatus war überrascht,
als er hörte, dass Jesus schon tot sei. Er ließ den
Hauptmann kommen und fragte ihn, ob Jesus
bereits gestorben sei. 45 Als der Hauptmann ihm
das bestätigte, überließ er Josef den Leichnam.
46 Josef kaufte ein Leinentuch, nahm Jesus vom
Kreuz, wickelte ihn in das Tuch und legte ihn in
ein Grab, das in einen Felsen gehauen war. Dann
wälzte er einen Stein vor den Eingang des Grabes.
47 Maria aus Magdala aber und Maria, die Mutter
des Joses, beobachteten, wohin der Leichnam
gelegt wurde.

15,42 Rüsttag ist der Tag vor dem Sabbat (der Freitag). Nach Dtn 21,23 mussten die am Holz aufgehängten, zuvor gesteinigten Gotteslästerer noch vor Sonnenuntergang abgenommen werden; das galt auch für Gekreuzigte. Die Grablegung fand sofort anschließend statt.

15,43–45 Die Freigabe des Leichnams für die private Bestattung war nach römischem Recht dem zuständigen Richter vorbehalten.

Das Evangelium nach Markus, Kapitel 16

Die Botschaft des Engels im leeren Grab
1 Als der Sabbat vorüber war, kauften Maria aus
Magdala, Maria, die Mutter des Jakobus, und Salo-
me wohlriechende Öle, um damit zum Grab zu
gehen und Jesus zu salben. 2 Am ersten Tag der
Woche kamen sie in aller Frühe zum Grab, als
eben die Sonne aufging. 3 Sie sagten zueinander:
Wer könnte uns den Stein vom Eingang des Gra-
bes wegwälzen? 4 Doch als sie hinblickten, sahen
sie, dass der Stein schon weggewälzt war; er war
sehr groß. 5 Sie gingen in das Grab hinein und
sahen auf der rechten Seite einen jungen Mann
sitzen, der mit einem weißen Gewand bekleidet
war; da erschraken sie sehr. 6 Er aber sagte zu
ihnen: Erschreckt nicht! Ihr sucht Jesus von Naza-
ret, den Gekreuzigten. Er ist auferstanden; er ist
nicht hier. Seht, da ist die Stelle, wo man ihn
hingelegt hatte. 7 Nun aber geht und sagt seinen
Jüngern, vor allem Petrus: Er geht euch voraus
nach Galiläa; dort werdet ihr ihn sehen, wie er es
euch gesagt hat. 8 Da verließen sie das Grab und
flohen; denn Schrecken und Entsetzen hatte sie
gepackt. Und sie sagten niemand etwas davon;
denn sie fürchteten sich.

Die Erscheinungen des Auferstandenen
9 Als Jesus am frühen Morgen des ersten Wochen-
tages auferstanden war, erschien er zuerst Maria
aus Magdala, aus der er sieben Dämonen ausgetrie-

ben hatte. 10 Sie ging und berichtete es denen, die
mit ihm zusammen gewesen waren und die nun
klagten und weinten. 11 Als sie hörten, er lebe und
sei von ihr gesehen worden, glaubten sie es nicht.
12 Darauf erschien er in einer anderen Gestalt
zweien von ihnen, als sie unterwegs waren und
aufs Land gehen wollten. 13 Auch sie gingen und
berichteten es den anderen und auch ihnen glaubte
man nicht. 14 Später erschien Jesus auch den Elf,
als sie bei Tisch waren; er tadelte ihren Unglauben
und ihre Verstocktheit, weil sie denen nicht glaub-
ten, die ihn nach seiner Auferstehung gesehen
hatten. 15 Dann sagte er zu ihnen: Geht hinaus in
die ganze Welt, und verkündet das Evangelium
allen Geschöpfen! 16 Wer glaubt und sich taufen
lässt, wird gerettet; wer aber nicht glaubt, wird
verdammt werden. 17 Und durch die, die zum
Glauben gekommen sind, werden folgende Zei-
chen geschehen: In meinem Namen werden sie
Dämonen austreiben; sie werden in neuen Spra-
chen reden; 18 wenn sie Schlangen anfassen oder
tödliches Gift trinken, wird es ihnen nicht scha-
den; und die Kranken, denen sie die Hände aufle-
gen, werden gesund werden.

19 Nachdem Jesus, der Herr, dies zu ihnen ge-
sagt hatte, *wurde er in den Himmel aufgenommen*
und *setzte sich zur Rechten Gottes.* 20 Sie aber zogen
aus und predigten überall. Der Herr stand ihnen
bei und bekräftigte die Verkündigung durch die
Zeichen, die er geschehen ließ.

Anhang

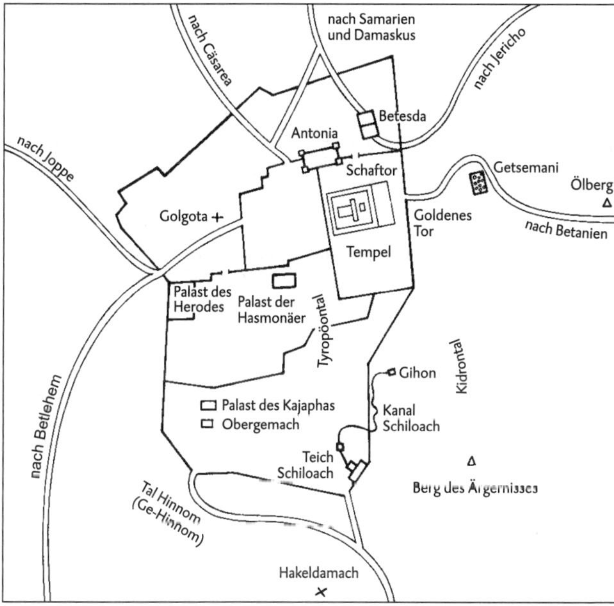

Jerusalem zur Zeit Jesu

Mt 28,1–8	Mk 16,1–8
	1 Als der Sabbat vorüber war, kauften Maria aus Magdala, Maria, die Mutter des Jakobus, und Salome wohlriechende Öle, um damit zum Grab zu gehen und Jesus zu salben.
1 Nach dem Sabbat kamen in der Morgendämmerung des ersten Tages der Woche Maria aus Magdala und die andere Maria, um nach dem Grab zu sehen.	2 Am ersten Tag der Woche kamen sie in aller Frühe zum Grab, als eben die Sonne aufging.
2 Plötzlich entstand ein gewaltiges Erdbeben; denn ein Engel des Herrn kam vom Himmel herab, trat an das Grab, wälzte den Stein weg und setzte sich darauf. 3 Seine Gestalt leuchtete wie ein Blitz und sein Gewand war weiß wie Schnee. 4 Die Wächter begannen vor Angst zu zittern und fielen wie tot zu Boden.	3 Sie sagten zueinander: Wer könnte uns den Stein vom Eingang des Grabes wegwälzen? 4 Doch als sie hinblickten, sahen sie, dass der Stein schon weggewälzt war; er war sehr groß. 5 Sie gingen in das Grab hinein und sahen auf der rechten Seite einen jungen Mann sitzen, der mit einem weißen Gewand bekleidet war; da erschraken sie sehr.
5 Der Engel aber sagte zu den Frauen: Fürchtet euch nicht! Ich weiß, ihr sucht Jesus, den Gekreuzigten. 6 Er ist nicht hier; denn er ist auferstanden, wie er gesagt hat. Kommt her und seht euch die Stelle an, wo er lag. 7 Dann geht schnell zu seinen Jüngern und sagt ihnen: Er ist von den Toten auferstanden. Er geht euch voraus nach Galiläa, dort werdet ihr ihn sehen. Ich habe es euch gesagt.	6 Er aber sagte zu ihnen: Erschreckt nicht! Ihr sucht Jesus von Nazaret, den Gekreuzigten. Er ist auferstanden; er ist nicht hier. Seht, da ist die Stelle, wo man ihn hingelegt hatte. 7 Nun aber geht und sagt seinen Jüngern, vor allem Petrus: Er geht euch voraus nach Galiläa; dort werdet ihr ihn sehen, wie er es euch gesagt hat.
8 Sogleich verließen sie das Grab und eilten voll Furcht und großer Freude zu seinen Jüngern, um ihnen die Botschaft zu verkünden	8 Da verließen sie das Grab und flohen; denn Schrecken und Entsetzen hatte sie gepackt. Und sie sagten niemand etwas davon; denn sie fürchteten sich.

Lk 24,1–9

---

1 Am ersten Tag der Woche gingen die Frauen mit den wohlriechenden Salben, die sie zubereitet hatten, in aller Frühe zum Grab.

---

2 Da sahen sie, dass der Stein vom Grab
weggewälzt war; 3 sie gingen hinein,
aber den Leichnam Jesu, des Herrn,
fanden sie nicht. 4 Während sie ratlos
dastanden, traten zwei Männer in leuchtenden Gewändern zu ihnen.

---

5 Die Frauen erschraken und blickten zu
Boden. Die Männer aber sagten zu
ihnen: Was sucht ihr den Lebenden bei
den Toten? 6 Er ist nicht hier, sondern er
ist auferstanden. Erinnert euch an das,
was er euch gesagt hat, als er noch in
Galiläa war: 7 Der Menschensohn muss
den Sündern ausgeliefert und gekreuzigt
werden und am dritten Tag auferstehen.
8 Da erinnerten sie sich an seine Worte.

---

9 Und sie kehrten vom Grab in die Stadt zurück und berichteten alles den Elf und den anderen Jüngern.

Matthäus	Markus
Die Vorgeschichte (1,1–2,23)	
Die Vorbereitung des Wirkens Jesu (3,1–4,11)	**Die Vorbereitung des Wirkens Jesu (1,1–13)**
Das Wirken Jesu in Galiläa (4,12–18,35) • Die Bergpredigt: Die Rede von der wahren Gerechtigkeit • Die Taten des Messias • Die Aussendungsrede • Der Beginn der Entscheidung • Die Rede über das Himmelreich • Weitere Taten – Belehrung der Jünger • Die Rede über das Leben in der Gemeinde	**Das Wirken Jesu in Galiläa (1,14–8,26)** • Die Gleichnisse vom Reich Gottes • Taten und Worte Jesu
Jesu Wirken in Judäa und in Jerusalem (19,1–25,46) • Der Weg nach Jerusalem • Die Auseinandersetzung mit den Gegnern in Jerusalem • Die Rede über die Endzeit	**Auf dem Weg nach Jerusalem (8,27–10,52)**
	Die letzten Tage Jesu in Jerusalem (11,1–13,37) • Die Rede über die Endzeit
Das Leiden und die Auferstehung Jesu (26,1–28,20)	**Das Leiden und die Auferstehung Jesu (14,1–16,20)**

Lukas	Johannes
Das Vorwort (1,1–4)	**Der Prolog (1,1–18)**
Die Vorgeschichte (1,5–2,52)	
Die Vorbereitung des Wirkens Jesu (3,1–4,13) **Das Wirken Jesu in Galiläa (4,14–9,50)** • Die Feldrede • Zeichen und Worte Jesu **Auf dem Weg nach Jerusalem (9,51–19,27)** • Von der wahren Jüngerschaft • Von der neuen Ordnung im Reich Gottes	**Das öffentliche Wirken Jesu (1,19–12,50)** • Die Kennzeichnung der Person und des Auftrags Jesu – Die Anfänge seines Wirkens • Die Selbstoffenbarung Jesu vor der Welt • Die Selbstoffenbarung Jesu beim Laubhüttenfest in Jerusalem • Streitgespräche Jesu mit den Juden • Die Heilung eines Blinden und der Streit der Juden • Die Bildworte vom Hirten und von den Schafen • Die Auferweckung des Lazarus und ihre Folgen • Jesus auf dem Weg zum letzten Osterfest in Jerusalem
Die letzten Tage in Jerusalem (19,28–21,38) • Die Auseinandersetzung mit den Gegnern in Jerusalem • Die Rede über die Endzeit	**Der Abschied Jesu von seinen Jüngern (13,1–17,26)** • Das Abschiedsmahl • Weitere Reden Jesu zu seinen Jüngern • Das Abschiedsgebet des Herrn
Das Leiden und die Auferstehung Jesu (22,1–24,53)	**Die Erhöhung Jesu (18,1–2,29)** • Das Leiden Jesu • Osterberichte
	Der Epilog (20,30–31)
	Nachtrag zum Evangelium (21,1–25)

Außerbiblische Geschichte

-10 bis -01	0 bis 10	11 bis 20	21 bis 30	31 bis 40	41 bis 50
Kaiser Augustus 27 v. Chr. – 14 n. Chr.		**Kaiser Tiberius** 14 – 37 n. Chr.		**Kaiser Caligula** 37 – 41 n. Chr.	**Kaiser Claudius** 41 – 54 n. Chr
	Herodes der Große 37 – 4 v. Chr. jüd. König über Judäa, Galiläa, Samarien, Idumäa und Peräa	**Herodes Antipas** 4 v. Chr. – 39 n. Chr. jüd. Tetrarch von Galiläa und Peräa **Josef Kajaphas** 18 – 37 n. Chr. jüdischer Hohepriester	**Pontius Pilatus** 26 – 36 n. Chr. römischer Stadthalter in Judäa	**Herodes Agrippa** 37 – 44 n. Chr. jüdischer König von Palästina	**Felix** 52 – 60 n. Ch Stadthalter in Judäa
	Geburt Jesu		**Johannes der Täufer** 27– 29 n. Chr. Öffentliches Wirken 27/28 n. Chr. Taufe Jesu 29 n. Chr. Enthauptung des Täufers 30 n. Chr. **Tod Jesu**	Apostel verkündigen d. Evangelium 33/35 n. Chr. Bekehrung des Paulus	Paulus schre Briefe und besucht die Gemeinden 42 n. Chr. Hinrichtung Jakobus d.Ä 49/50 n. Chr Apostelkonz in Jerusalem

Biblische Geschichte

51 bis 60	61 bis 70	71 bis 80	81 bis 90	91 bis 100
Kaiser Nero 54 – 68 n. Chr. 64 Brand Roms	**Kaiser Vespasian** 69 – 79 n. Chr.	**Kaiser Titus** 79 – 81 n. Chr.	**Kaiser Domitian** 81 – 96 n. Chr.	**Kaiser Nerva** 96 – 98 n. Chr. **Kaiser Trajan** 98 – 117 n. Chr.
Porzius Festus 60 – 62 n. Chr. Stadthalter Judäa **Gessius Florus** 64 – 70 n. Chr. röm. Stadthalter	Eroberung Jerusales und Zerstörung des Tempels 70 n. Chr.	Judäa wird röm. Provinz 73 n. Chr.	Verfolgung von Philosophen, Gelehrten, Christen in Rom und im Osten des Reiches um 90 n. Chr.	Synode von Jamnia: Ausschluss der Juden-christen aus der Synagoge um 100 n. Chr.
Erster jüd. Krieg 66 – 73 n. Chr. Flucht von Juden und Christen	**Christen-verfolgung** in Rom	**Ausbruch Vesuv** Zerstörung Pomeijs 79 n. Chr.		
	Hinrichtung des Jakobus, „Bruder d. Herrn“ 64 od. 67 n. Chr. Tod von Petrus u. Paulus in Rom			
	Markus-Evangelium	**Lukas-Evangelium**	**Matthäus-Evangelium**	**Johannes-Evangelium**

Sidon
Phönizien
Tyrus
Syrien
Cäsarea Philippi
Mittelmeer
Galiläa
Kafarnaum
Betsaida
Gennesaret
See von Galiläa
Magdala
Nazaret
Dekapolis
Samarien
Gerasa
Jordan
Peräa
Arimathäa
Judäa
Jericho
Ölberg
Bet-fage
Jerusalem
Betanien
Idumäa
Totes Meer
0 15 30

40 km
20 mi
Libanon
UNDOF-
Zone
Golan-
höhen
See
Gene-
zareth
Haifa
Nazareth
Syrien
Mittelmeer
Jordan
West-
jordanland *
Tel-Aviv-Jaffa
Jerusalem
Gaza-
streifen
Aschkelon
Totes
Meer
Beerscheba
Israel
Jordanien
Ägypten
* Das Westjordanland
ist israelisch besetzt
und steht teilweise
unter palästinensischer
Verwaltung.
Elat
Golf von
Akaba

Ihre Meinung ist uns wichtig!

Ihre Anregungen sind uns immer willkommen. Bitte informieren Sie uns mit diesem Schein über Ihre Verbesserungsvorschläge!

Titel-Nr.	Seite	Vorschlag

Bitte hier abtrennen

Lernen • Wissen • Zukunft
STARK

Bitte hier abtrennen

Zutreffendes bitte ankreuzen! Die Absenderin/der Absender ist:

- ☐ Lehrer/in in den Klassenstufen: ____
- ☐ Fachbetreuer/in
  Fächer: ____
- ☐ Seminarlehrer/in
  Fächer: ____
- ☐ Regierungsfachberater/in
  Fächer: ____
- ☐ Oberstufenbetreuer/in
- ☐ Schulleiter/in
- ☐ Leiter/in Lehrerbibliothek
- ☐ Leiter/in Schülerbibliothek
- ☐ Referendar/in, Termin 2. Staatsexamen: ____
- ☐ Sekretariat
- ☐ Schüler/in, Klasse: ____
- ☐ Elternteil
- ☐ Sonstiges: ____

Kennen Sie Ihre Kundennummer? Bitte hier eintragen.

Absender (Bitte in Druckbuchstaben!)

Name/Vorname

Straße/Nr.

PLZ/Ort

Telefon privat

Geburtsjahr

E-Mail

Schule/Schulstempel (Bitte angeben!)

Unterrichtsfächer: (Bei Lehrkräften!)

21-V1M_LEK

Bitte ausfüllen und im frankierten Umschlag an uns einsenden. Für Fensterkuverts geeignet.

STARK Verlag
Postfach 1852
85318 Freising

Sicher durch alle Klassen!

Mathematik

Mathematik 5. Klasse	Best.-Nr. 90005
Mathematik 5. Klasse Baden-W.	Best.-Nr. 80005
Klassenarbeiten Mathematik 5. Klasse	Best.-Nr. 500301
Klassenarbeiten Mathematik 5. Kl. Bayern	Best.-Nr. 900301
Mathematik 6. Klasse	Best.-Nr. 900062
Bruchzahlen und Dezimalbrüche	Best.-Nr. 900061
Klassenarbeiten Mathematik 6. Klasse	Best.-Nr. 900302
Algebra 7. Klasse	Best.-Nr. 900111
Geometrie 7. Klasse Bayern	Best.-Nr. 900211
Algebra und Stochastik 7. Klasse	Best.-Nr. 50007
Klassenarbeiten Mathematik 7. Klasse	Best.-Nr. 900311
Algebra, Geometrie und Stochastik 8. Klasse	Best.-Nr. 900121
Lineare Gleichungssysteme	Best.-Nr. 900122
Klassenarbeiten Mathematik 8. Klasse	Best.-Nr. 900321
Algebra und Stochastik 9. Klasse	Best.-Nr. 900138
Geometrie 9. Klasse	Best.-Nr. 900221
Klassenarbeiten Mathematik 9. Klasse	Best.-Nr. 500331
Klassenarbeiten Mathematik 9. Kl. Bayern	Best.-Nr. 900331
Algebra und Stochastik 10. Klasse	Best.-Nr. 900148
Geometrie 10. Klasse	Best.-Nr. 900248
Klassenarbeiten Mathematik 10. Klasse	Best.-Nr. 900341
Potenzen und Potenzfunktionen	Best.-Nr. 900141
Wiederholung Algebra	Best.-Nr. 90009
Wiederholung Geometrie	Best.-Nr. 90010
Kompakt-Wissen Algebra	Best.-Nr. 90016
Kompakt-Wissen Geometrie	Best.-Nr. 90026
Kompakt-Wissen Mathematik Bayern	Best.-Nr. 900168

Latein

Latein I/II im 1. Lernjahr 5./6. Klasse	Best.-Nr. 906051
Latein I/II im 2. Lernjahr 6./7. Klasse	Best.-Nr. 906061
Latein I/II im 3. Lernjahr 7./8. Klasse	Best.-Nr. 906071
Übersetzung im 1. Lektürejahr	Best.-Nr. 906091
Übersetzung im 2. Lektürejahr	Best.-Nr. 906092
Wiederholung Grammatik	Best.-Nr. 94601
Wortkunde	Best.-Nr. 94603
Arbeitsheft Latein 8./9. Klasse Caesar: Britannien-Expedition	Best.-Nr. 9556001
Arbeitsheft Latein 9. Klasse Rom und Europa	Best.-Nr. 9556091
Arbeitsheft Latein 10. Klasse Cicero: Briefe	Best.-Nr. 9556011
Arbeitsheft Latein 10. Klasse Plinius: Briefe	Best.-Nr. 9556013
Kompakt-Wissen Kurzgrammatik	Best.-Nr. 906011

Latein Lektüren

Rom und die Christen	Best.-Nr. 260003
Phaedrus: Fabeln	Best.-Nr. 260004
Die Frau im antiken Rom	Best.-Nr. 260005
Apollonius – eine antike Soap?	Best.-Nr. 260006
Antike Medizin	Best.-Nr. 260007
Petri Abaelardi Historia Calamitatum	Best.-Nr. 260008

Deutsch

Klassenarbeiten 5. Klasse	Best.-Nr. 104051
Leseverstehen 5./6. Klasse	Best.-Nr. 90410
Rechtschreibung und Diktat 5./6. Klasse mit CD	Best.-Nr. 90408
Grammatik und Stil 5./6. Klasse	Best.-Nr. 90406
Aufsatz 5./6. Klasse	Best.-Nr. 90401
Klassenarbeiten 6. Klasse	Best.-Nr. 104061
Klassenarbeiten 7. Klasse	Best.-Nr. 104071
Leseverstehen 7./8. Klasse	Best.-Nr. 90411
Grammatik und Stil 7./8. Klasse	Best.-Nr. 90407
Aufsatz 7./8. Klasse	Best.-Nr. 90403
Klassenarbeiten 8. Klasse	Best.-Nr. 104081
Aufsatz 9./10. Klasse	Best.-Nr. 90404
Deutsch Rechtschreibung 5.–10. Klasse	Best.-Nr. 934411
Übertritt in die Oberstufe	Best.-Nr. 90409
Arbeitsheft Deutsch 9. Klasse *Zusammen leben – zusammen arbeiten*	Best.-Nr. 9554091
Arbeitsheft Deutsch 10. Klasse *Kommunikation*	Best.-Nr. 9554015
Kompakt-Wissen Rechtschreibung	Best.-Nr. 944065
Kompakt-Wissen Deutsch Aufsatz Unter-/Mittelstufe	Best.-Nr. 904401

Französisch

Französisch im 1. Lernjahr	Best.-Nr. 905502
Rechtschreibung und Diktat 1./2. Lernjahr mit 2 CDs	Best.-Nr. 905501
Französisch im 2. Lernjahr	Best.-Nr. 905503
Französisch im 3. Lernjahr	Best.-Nr. 905504
Französisch im 4. Lernjahr	Best.-Nr. 905505
Wortschatzübung Mittelstufe	Best.-Nr. 94510
Arbeitsheft Französisch 10./11. Klasse *Devenir adulte* ohne Audio-CD	Best.-Nr. 9555011
mit Audio-CD	Best.-Nr. 9555013
Kompakt-Wissen Grundwortschatz	Best.-Nr. 905001

Französisch Lektüren

Sibylle Treugut: *Aventure en Corse et autres contes et nouvelles* – Mittelstufe	Best.-Nr. 255002
Emmy Muguet/Christiane Heller-Doyère: *Sur la trace des ours et autres contes et nouvelles* – Mittelstufe	Best.-Nr. 255004

(Bitte blättern Sie um)